SEDIENTAS DE ESPERANZA

Preguntas que le hacemos a Dios en nuestros anhelos, pérdidas, y sufrimiento

Vaneetha Risner

Lifeway Recursos
Brentwood, Tennessee

Publicado por B&H Español • © • 2024 Lifeway Mujeres® • Brentwood, TN

Título original en inglés «*Desperate for Hope*».

Ninguna parte de este libro puede ser reproducida o copiada, bien sea de manera electrónica o mecánica, incluyendo fotocopias, grabaciones, digitalización y/o archivo de imágenes electrónicas, excepto cuando se autorice por la Editorial. Las solicitudes de permisos para realizar reproducciones o copias deben hacerse por escrito y enviarse a: Lifeway Recursos, 200 Powell Place, Suite 100, Brentwood, TN 37027.

ISBN: 9798384509882
Ítem: 005849603
Clasificación decimal Dewey: 234.2
Título del tema: ESPERANZA/ SUFRIMIENTO/ GOZO Y AFLICCIÓN

A menos que se indique lo contrario, todas las citas bíblicas se han tomado de la Santa Biblia, versión Reina Valera 1960, propiedad de las Sociedades Bíblicas en América Latina, publicada por Broadman & Holman Publisher, Nashville, TN. Utilizadas con permiso. Las citas bíblicas marcadas «NVI» se han tomado de la Santa Biblia, Nueva Versión Internacional®, NVI® Copyright © 1999, 2015 por Bíblica, Inc.® Utilizadas con permiso. Todos los derechos reservados en todo el mundo. Las citas bíblicas marcadas «NBLA» se han tomado de la Nueva Biblia de las Américas™ NBLA™ Copyright © 2005 por The Lockman Foundation. Utilizadas con permiso. Las citas bíblicas marcadas «NTV» se han tomado de la Santa Biblia, Nueva Traducción Viviente, Tyndale House Foundation. Utilizadas con permiso. Todos los derechos reservados.

Para ordenar copias adicionales de este recurso, llame al 1 (800)257-7744, visite nuestra página, www.lifeway.com o envíe un correo electrónico a recursos@lifeway.com. También puede adquirirlo u ordenarlo en su librería cristiana favorita.

Impreso en los Estados Unidos de América

Lifeway Mujeres, Lifeway
Recursos, 200 Powell Place,
Suite 100 Brentwood, TN 37027-7707

Imagen de portada por Vaneetha Risner
Diseño de portada por Lauren Ervin
Adaptación al español por Andrea Nulchis

EQUIPO EDITORIAL, LIFEWAY RECURSOS

Giancarlo Montemayor
Vicepresidente, Lifeway Global

Carlos Astorga
Director editorial, Lifeway Recursos

Juan David Correa
Editor general, Lifeway Recursos

Multitudelanguajes
Edición y corrección de estilo

Denisse Manchego
Asistente Editorial

Andrea Nulchis
Diseño gráfico

CONTENIDO

SOBRE LA AUTORA

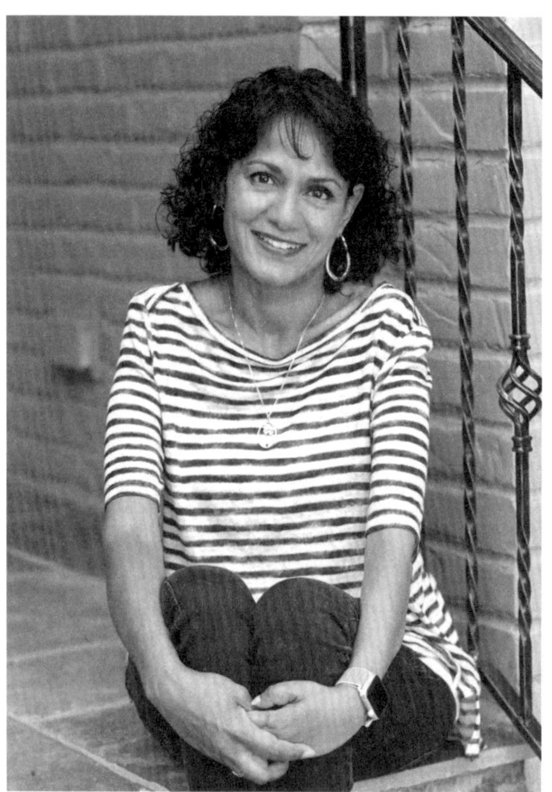

Vaneetha Risner escribe y habla sobre cómo encontrar esperanza en el sufrimiento. *Sedientas de esperanza: Preguntas que le hacemos a Dios en nuestros anhelos, pérdidas, y sufrimiento, Walking through fire* [Caminando por el fuego], animan a los lectores a acudir a Cristo en su dolor. Vaneetha y su esposo, Joel, viven en Raleigh, Carolina del Norte, donde ella escribe en su blog: vaneetha.com. Vaneetha es una colaboradora regular de Desiring God y ha aparecido en *Family Life Today, Joni & Friends y Christianity Today.*

ANTES DE EMPEZAR...

¿Dónde estás, Dios? ¿No te importa que esté lidiando con dificultades? ¿Por qué estás permitiendo que esto me suceda? ¿Y por qué no estás haciendo algo, cualquier cosa, para ayudarme?

He susurrado, clamado en llanto e incluso gritado estas preguntas a Dios. Me sentía muy sola en mi sufrimiento, lejos de Dios, preguntándome si mi situación alguna vez cambiaría. Hice estas preguntas, no solo antes de conocer al Señor, sino también después de haber caminado con Jesús por años. Pero cuando mi vida se derrumbó, los cimientos de mi fe se sintieron inestables. Las respuestas de la escuela dominical que podía recitar automáticamente ya no tenían sentido. Necesitaba algo más.

Quería evidencia de que Dios me amaba y de que estaba conmigo, de que mi sufrimiento no era en vano, de que este dolor implacable no duraría para siempre. Quizás tú también te sientas así. Quizás quieras una seguridad y una ayuda real que sean más sólidas que en lo que has creído en el pasado.

Por eso escribí este estudio de la Biblia sobre las preguntas que le hacemos a Dios en nuestro sufrimiento. Tuve preguntas al crecer con una discapacidad, lidiaba con burlas y hospitalizaciones. Tuve preguntas cuando mi hijo murió después de un error del médico; me cuestioné por qué Dios permitió que eso sucediera. Tuve preguntas cuando supe que mi dolor y debilidad en aumento nunca cesarían, y dudé que pudiera manejarlo. Tuve preguntas cuando mi esposo abandonó a nuestra familia, dejándome sola en la crianza de mis hijas adolescentes que tenían sus propias luchas. Estos eventos encendieron dudas sobre Dios, sobre Su amor y Sus propósitos y sobre cómo superaría todo esto.

Sin embargo, al hacerme estas preguntas, Dios me llevó a una vida más abundante con Él, una vida que no podría haber imaginado. En lugar de sacudir mi fe, hacer preguntas confirmó y profundizó mi confianza en Dios mientras aprendía a vivir con incertidumbre. Cuanto más inciertas eran mis circunstancias, más segura estaba de que Dios nunca me abandonaría, nunca tendría que enfrentar la vida sin Él.

No tengas miedo de hacerle preguntas a Dios. Él te invita a hacerlas.

Entonces, ¿qué quieres preguntarle a Dios? Tómate un minuto y escribe las preguntas que actualmente están en tu corazón. No le pongas filtro a lo que escribas. No escribas lo que crees que suena espiritual. Sé honesta contigo misma y con Dios. Él ya conoce tu corazón.

De igual manera, dirígete a la página 186 y anota los desafíos a los que te enfrentas en este momento: el dolor, la aflicción, los miedos, la pérdida y los anhelos. No necesitan ser pérdidas muy grandes a los ojos del mundo, aunque pueden serlo. Muchas de nuestras dificultades son lo que una amiga llama «el dolor que no está de luto». Las pérdidas por las que nadie ora ni te mandan comida mientras las enfrentas: heridas de la infancia, sentirte rechazada en las amistades, la soledad, la preocupación por tus hijos, un matrimonio difícil, la infertilidad, la traición, un trabajo sin futuro. Pon todo lo que se te ocurra en la lista. Si te importa, importa. Y lo más importante, le importa a Dios.

A lo largo de este estudio hablaré sobre tres anclas a las que me aferro y que me han ayudado a dar sentido a mi sufrimiento. Son las tres «P» a las que me aferro en el dolor, y me recuerdan que hay realidades más importantes que mis circunstancias. Las tres «P» que me anclan son 1) experimentar la PRESENCIA de Dios, 2) saber que mi dolor tiene un PROPÓSITO y 3) creer en la PROMESA del cielo.

Estas anclas servirán como marco de enfoque para este estudio:

SESIONES 2–4: PRESENCIA

SESIONES 5–6: PROPÓSITO

SESIÓN 7: PROMESA

A través de las páginas de este estudio, te estoy invitando a entrar en mi vida. Mi vida real, no la que parece espiritual y bonita. He incluido extractos de mi diario personal, tanto las preguntas crudas como las formas en que Dios me respondió. También he incluido partes de mis cartas de Navidad que envío a mis amigos cada año. En ellas, comparto las cosas locas y vergonzosas que nuestra familia ha dicho y hecho.

Es posible que te preguntes si deberías realizar este estudio si actualmente no estás en una temporada de sufrimiento. Si esa es tu situación, creo que *Sedientas de esperanza* te será útil por varias razones. Primero, incluso si no estás pasando por un trauma, supongo que hay cosas en tu vida que desearías que fueran diferentes. Las verdades que aprenderemos en este estudio se aplican a las dificultades diarias y a las que te cambian la vida. En segundo lugar, probablemente tengas amigos que están pasando por dificultades. En estas páginas, encontrarás el tipo de aliento que necesitan. En tercer lugar, puedes tener pérdidas pasadas que necesites procesar a través de una perspectiva bíblica. Aquí encontrarás los medios y el espacio para hacerlo. Por último, ninguna de nosotras sabe lo que traerá el mañana, y el sufrimiento puede estar a la vuelta de la esquina para ti. No digo esto para asustarte, sino para hacerte saber que este estudio puede ayudarte a prepararte para lo que pueda venir. Oro para que cuando vengan las pruebas, te acerques a Dios y no te alejes, y descubras que Su amorosa presencia te sostendrá.

Si estás sufriendo en este momento, lamento mucho tu dolor. Me doy cuenta de que incluso comenzar este estudio puede parecer desalentador, así que solo haz lo que puedas. No superarás tu dolor por arte de magia, y no, no recibirás las respuestas a todas tus preguntas cuando terminemos. Pero mi oración es que te encuentres con Dios en estas páginas, y que ese encuentro avive tu alma y cambie permanentemente tu corazón.

¡Eres amada!

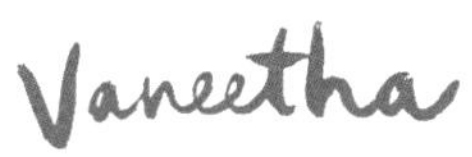

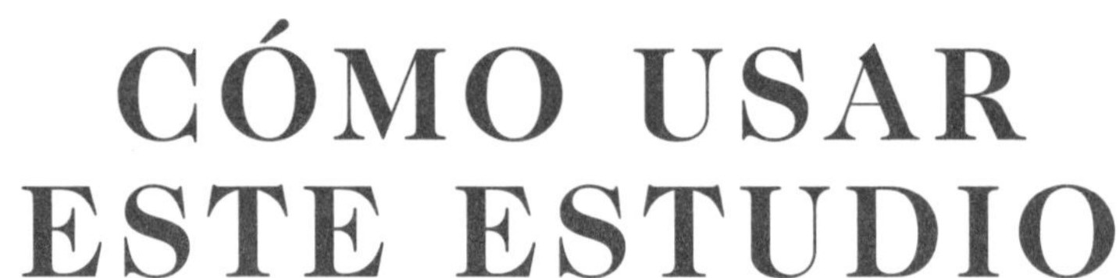

CÓMO USAR ESTE ESTUDIO

¡Bienvenida!

Este estudio alineará tu corazón con la visión correcta de Dios en el sufrimiento, y te ayudará a equiparte para superar tus pruebas con alegría y propósito. También te preparará para asistir, consolar y alentar de mejor manera a aquellos a tu alrededor que están pasando momentos difíciles. Ya que creemos que el discipulado ocurre mejor en comunidad, te animamos a realizar este estudio en un entorno grupal. Y si vas a realizar el estudio sola, considera anotar a una o dos amigas para que lo hagan al mismo tiempo que tú. Esto te dará amigas de estudio con quienes orar y conectarte mientras toman un café o por mensajes de texto o correos electrónicos para que puedan platicar sobre lo que están aprendiendo.

ACCESO A LOS VIDEOS

Con la compra de este libro, tienes acceso a videos de enseñanza que te proporcionan contenido para ayudarte a entender mejor los temas y aplicar lo que estudies en cada sesión. Encontrarás información detallada sobre cómo acceder a los videos de enseñanza en la cara interna de la contraportada de tu estudio bíblico.

Aquí hay algunas cosas que vas a encontrar en el estudio:

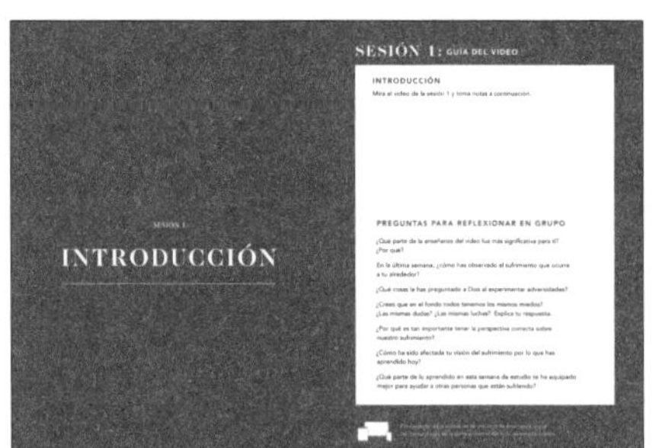

GUÍA DEL VIDEO: Cuando te reúnas con tu grupo cada semana, estas páginas te proporcionarán un lugar para tomar notas de la enseñanza del video y preguntas para conversar sobre esta enseñanza. Si estás haciendo el estudio por tu cuenta, utiliza las preguntas para tener una reflexión personal

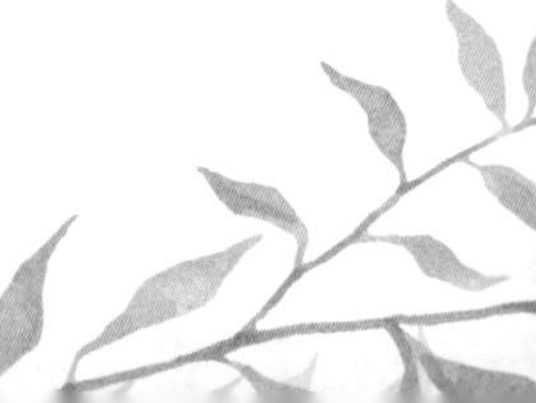

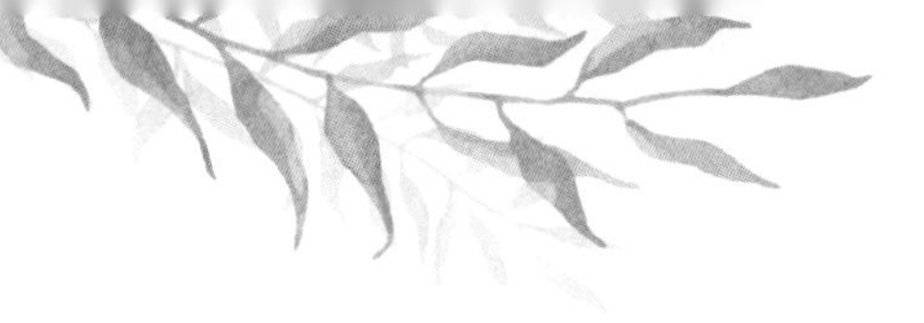

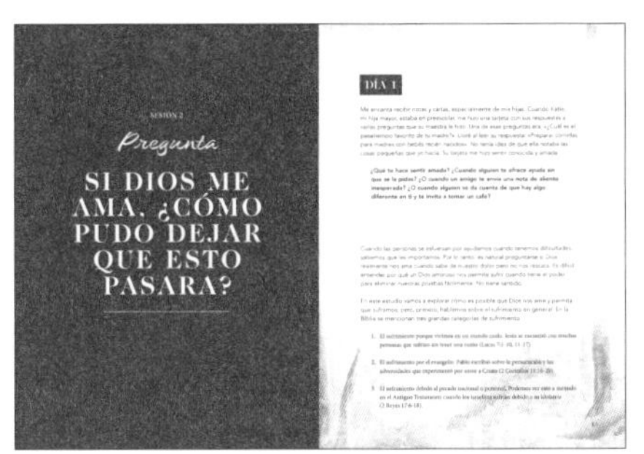

ESTUDIO PERSONAL: Cada semana tendrás cinco días de estudio personal.

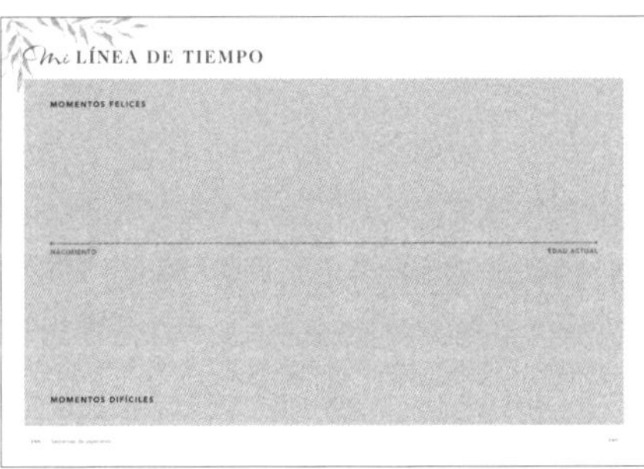

EJERCICIO DE LÍNEA DE TIEMPO: Hacia el final del estudio, encontrarás páginas dedicadas a un ejercicio de línea de tiempo. Las instrucciones sobre cómo usar estas páginas están detalladas en el estudio.

AYUDAS DIGITALES DESCARGABLES: Para descargar la Guía del líder y otras ayudas adicionales escanea el código o ingresa a ***lifeway.com/sedientasdeesperanza***

SESIÓN 1

INTRODUCCIÓN

SESIÓN 1: GUÍA DEL VIDEO

INTRODUCCIÓN

Mira el video de la sesión 1 y toma notas a continuación.

PREGUNTAS PARA REFLEXIONAR EN GRUPO

¿Qué parte de la enseñanza del video fue más significativa para ti? ¿Por qué?

En la última semana, ¿cómo has observado el sufrimiento que ocurre a tu alrededor?

¿Qué cosas le has preguntado a Dios al experimentar adversidades?

¿Crees que en el fondo todos tenemos los mismos miedos? ¿Las mismas dudas? ¿Las mismas luchas? Explica tu respuesta.

¿Por qué es tan importante tener la perspectiva correcta sobre nuestro sufrimiento?

¿Cómo ha sido afectada tu visión del sufrimiento por lo que has aprendido hoy?

¿Qué parte de lo aprendido en esta semana de estudio te ha equipado mejor para ayudar a otras personas que están sufriendo?

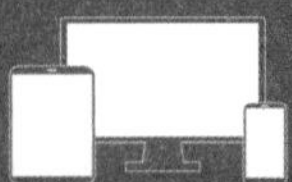

Para acceder a los videos de las sesiones de enseñanza, sigue las instrucciones de la parte posterior de este estudio bíblico.

SESIÓN 2

Pregunta

SI DIOS ME AMA, ¿CÓMO PUDO PERMITIR QUE ESTO PASARA?

DÍA 1

Me encanta recibir notas y cartas, especialmente de mis hijas. Cuando Katie, mi hija mayor, estaba en preescolar, me hizo una tarjeta con sus respuestas a varias preguntas que su maestra le hizo. Una de esas preguntas era: «¿Cuál es el pasatiempo favorito de tu madre?». Lloré al leer su respuesta: «Preparar comidas para madres con bebés recién nacidos». No tenía idea de que ella notaba las cosas pequeñas que yo hacía. Su tarjeta me hizo sentir conocida y amada.

¿Qué te hace sentir amada? ¿Cuando alguien te ofrece ayuda sin que se la pidas? ¿O cuando un amigo te envía una nota de aliento inesperada? ¿O cuando alguien se da cuenta de que hay algo diferente en ti y te invita a tomar un café?

Cuando las personas se esfuerzan por ayudarnos cuando tenemos dificultades, sabemos que les importamos. Por lo tanto, es natural preguntarse si Dios realmente nos ama cuando conoce nuestro dolor pero no nos rescata. Es difícil entender por qué un Dios amoroso nos permite sufrir cuando tiene el poder para eliminar nuestras pruebas fácilmente. No tiene sentido.

En este estudio vamos a explorar cómo es posible que Dios nos ame y permita que suframos; pero, primero, hablemos sobre el sufrimiento en general. En la Biblia se mencionan tres grandes categorías de sufrimiento.

1. El sufrimiento porque vivimos en un mundo caído. Jesús se encontró con muchas personas que sufrían sin tener una razón (Lucas 7:1-10, 11-17).

2. El sufrimiento por el evangelio. Pablo escribió sobre la persecución y las adversidades que experimentó por amor a Cristo (2 Corintios 11:16-29).

3. El sufrimiento debido al pecado nacional o personal. Podemos ver esto a menudo en el Antiguo Testamento cuando los israelitas sufrían debido a su idolatría (2 Reyes 17:6-18).

Al leer la Escritura, vemos que todo sufrimiento es consecuencia de la caída en Génesis 3, lo cual creo que se confirma en Romanos 8:20-22. Si bien a menudo no entendemos por qué sufrimos, si conocemos a Cristo, sabemos que Él usa nuestras aflicciones para nuestro bien y para Su gloria. Para los cristianos, el sufrimiento siempre está interconectado con el amor de Dios.

En las primeras tres semanas, el estudio se centrará en la primera de las anclas de las tres «P»: LA PRESENCIA DE DIOS. Empezaremos con la historia de la resurrección de Lázaro en Juan 11, que, paradójicamente, comienza con la ausencia de Jesús. Este relato resalta las preguntas que muchas de nosotras hemos hecho o hemos querido hacer y, lo más importante, la respuesta de Jesús. La historia habla sobre sentirse desesperanzado y abandonado, preguntándose por qué Jesús nunca apareció.

Comencemos con un panorama general.

LEE JUAN 11:1-44. Anota tus observaciones iniciales. ¿Qué preguntas tienes sobre el pasaje? ¿Te identificas con algún aspecto? ¿Qué notas sobre el amor de Cristo?

Para darte un poco de contexto, la única familia mencionada en la Escritura con la que Jesús tuvo una relación cercana es la de María, Marta y Lázaro. El versículo 2 se refiere a un evento posterior, relatado en Juan 12:1-4, que describe una cena que organizaron para Jesús después de que Lázaro fue resucitado de entre los muertos.

En Lucas 10:38-42, vemos que Marta dio la bienvenida a Jesús y a los discípulos en su casa, sirviéndoles diligentemente, pero distraída y frustrada a la vez porque estaba haciendo todo el trabajo sola. Mientras Marta servía, María se sentó a los pies de Jesús para escucharlo.

Analicemos este pasaje más de cerca.

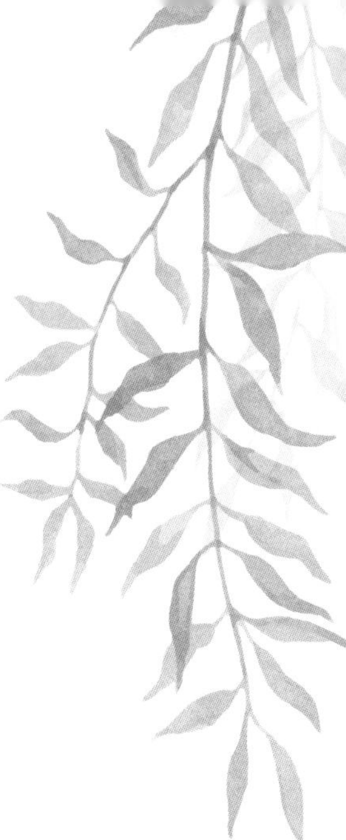

LEE JUAN 11:1-6. **¿Qué podemos aprender sobre María, Marta y Lázaro de este pasaje?**

¿Qué verbo se repite en los versículos 3 y 5 de Juan 11 que indica lo que Jesús sentía por esa familia?

Claramente Jesús amaba a esta familia, pero no fue a verlos inmediatamente después de enterarse de que Lázaro estaba enfermo. Es muy probable que María y Marta esperaran que Jesús fuera tan pronto como escuchara que Lázaro estaba enfermo o, incluso, que lo sanara desde lejos. Probablemente sabían, o hasta habían presenciado, que Jesús sanaba a los necesitados con los que se encontraba: conocidos y extraños, judíos y gentiles, personas enfermas, poseídas por demonios y discapacitadas. Sin embargo, Jesús no sanó a Su amigo Lázaro.

¿Qué habrá querido decir Jesús cuando dijo que la enfermedad de Lázaro era para la gloria de Dios? (v. 4).

La frase *la gloria de Dios* es difícil de entender. Si bien algunos eruditos admiten que la frase es tan difícil de describir como la palabra hermosa; para mí, la gloria de Dios es ver y maravillarse de Sus atributos invisibles y de Su carácter. Cuando vemos la gloria de Dios, sabemos que Dios está presente.

Cuando Moisés le pidió a Dios que le mostrara Su gloria en Éxodo 33:18-23, Dios le dijo que haría pasar todo Su bien delante de él y que proclamaría Su propio nombre. Dios proclamó Sus caminos, Su esencia y carácter mientras escondía a Moisés en la hendidura de una peña porque ningún hombre podía ver el rostro de Dios y vivir.[1] Entonces, parte de ver la gloria de Dios es experimentar esos atributos invisibles. Cuando vemos la gloria de Dios, pasamos de tener un conocimiento teórico a una experiencia íntima con la presencia, el amor y la bondad de Dios que ancla nuestra fe.

Si tienes alguna otra pregunta sobre la gloria de Dios, escríbela aquí. Es un concepto importante que veremos a lo largo de esta semana de estudio.

En griego, el versículo 6 comienza con la palabra **οὖν**, que puede significar «en consecuencia» o «por lo tanto».[2] Esto indica que está conectado a la oración anterior; entonces, los versículos 5 y 6 están conectados.

Para comprender mejor la relación entre ellos, combínalos en una sola oración usando tus propias palabras.

¿Te sorprende la acción, o más bien, la inacción de Jesús? Explica tu respuesta.

Si Jesús respondiera de esta manera a tu sufrimiento, ¿cómo te sentirías? Encierra en un círculo todas las opciones que correspondan.

Enojada o confundida.

Poco amada, preguntándote si tu relación con Jesús es realmente cercana.

Ansiosa por una explicación.

Tentada a renunciar a la relación.

Otro:________________

Aunque no conocemos los detalles específicos de su situación familiar, sabemos que María, Marta y Lázaro vivían juntos. Por lo tanto, su pérdida podría haber impactado en distintas esferas; sus hermanas habrían tenido diversos motivos por los cuales llorar: extrañar la presencia diaria de su hermano, la potencial pérdida de su fuente de ingresos o de su hogar, el miedo al futuro, sentirse desconcertadas y abandonadas por un amigo.

María y Marta tuvieron que ver morir a su hermano. Procesar nuestro propio dolor es una cosa, pero ver el dolor de alguien más, especialmente de alguien que es importante para nosotras, puede ser incluso más difícil de soportar. No podemos cambiar sus circunstancias, cambiar su manera de interpretar las cosas ni confiar en Dios por ellos. Solo podemos mirar y orar, a menudo sintiéndonos impotentes.

Quizás María y Marta se sintieron impotentes al ver a Lázaro enfermarse y, posteriormente, morir. Al no estar ahí para ayudar a Lázaro, Jesús tampoco estuvo para ayudar a sus hermanas. ¿Qué dijo y pensó Lázaro en sus últimos momentos? ¿Se sintió abandonado por Jesús? ¿Estaban María y Marta tratando de consolarlo mientras sentían exactamente lo mismo que él? ¿Se preguntaron si su relación con Jesús era tan sólida como creían?

RESPONDE A UNA O A TODAS ESTAS PREGUNTAS:

¿Alguna vez te has sentido decepcionada por Jesús o has visto a alguien que amas sentirse decepcionado por Jesús? Explica tu respuesta.

¿Has orado fervientemente por algo, confiando en que Dios te respondería, pero la respuesta que querías nunca llegó? Explica tu respuesta.

¿Estás esperando algo de Dios actualmente? Explica tu respuesta.

LEE JUAN 11:7-16.

En Juan 10, Jesús les dijo a los fariseos que Él era el Cristo, lo que fue considerado como una blasfemia por ellos, por lo que querían apedrear a Jesús; pero Él escapó con Sus discípulos a Betábara. Este lugar también es conocido como Betania, al otro lado del Jordán, donde comenzó el ministerio de Jesús (Juan 1:28). (Para más detalles, lee Juan 10:22-42). Betábara estaba a unas veinte millas de Betania, aproximadamente un día de camino a pie. Considerando la línea de tiempo, es probable que Lázaro ya hubiera muerto cuando Jesús recibió las noticias del mensajero.

¿Por qué se alegró Jesús de no haber estado allí cuando Lázaro murió? (v. 15).

Esta primera sección de Juan 11 nos deja con preguntas profundas. Sabemos lo que es esperar a que Jesús arregle nuestra situación, seguir esperando y observando, pero que Él nunca la arregle, que la respuesta nunca llegue, que Dios no nos rescate. Podría ser que, como en el caso de María y Marta, un ser querido muera, que tengamos un hijo rebelde o que recibamos un diagnóstico terminal... Nuestras pesadillas se vuelven realidad, cualesquiera que sean. Tal vez las personas nos digan que todo es para bien, que Dios lo usará para Su gloria o que otros llegarán a los pies de Cristo gracias a esto. Pero estando en medio de nuestra pérdida, esas palabras pueden parecer crueles e injustas.

Tómate tres minutos, medita en tus sentimientos y piensa en todo lo que ha sucedido hasta ahora en Juan 11. Siéntete libre de escribir tus pensamientos a continuación.

DÍA 2

LEE JUAN 11:17-27. Cuando Jesús llegó a Betania, ¿qué estaba sucediendo en la casa de María y Marta? (v. 19).

En aquellos días, las personas eran enterradas tan pronto como fallecían. Después, los judíos guardaban la *shivá* (y aún lo hacen) durante siete días.[3] Esto significaba que la familia lloraba la pérdida en casa, sentados en el suelo o en un banco bajo, recibiendo visitas que en su mayoría se sentaban en silencio o lloraban y gemían de dolor. El duelo era público y aceptado.

¿Cómo manejas el dolor por una pérdida? Encierra en un círculo todas las frases que correspondan.

No hablas al respecto a menos que alguien pregunte.	**Procesas el dolor con actividades o de manera creativa.**	**Te retraes o actúas como si nunca hubiera pasado.**
Muestras emociones, como el llanto o la ira.	**Hablas al respecto frecuentemente.**	**Otro:** ______________ ______________

Reconocer el dolor es una parte importante de la sanidad tras una pérdida. Si bien no todos manejan el dolor de la misma manera, algunos internamente y otros externamente, ignorar la pérdida y fingir que nunca sucedió no es saludable. Sin embargo, el estoicismo suele ser admirado en la comunidad cristiana, lo que implica que sentir dolor tras una pérdida es una debilidad. Pero, en realidad, se necesita valor y mucho esfuerzo para procesar el dolor. Sentir dolor por una pérdida no demuestra debilidad de carácter o falta de confianza en Dios. Por el contrario, es una parte esencial de la sanidad que Dios nos da. Es la respuesta natural y apropiada a la pérdida de algo o alguien amado o valorado. Es necesario y no puede ignorarse.

Si existen pérdidas por las que nunca has llorado o momentos de dolor que no has procesado, anótalos aquí. Tómate unos minutos para escribir tus pensamientos. El duelo es un proceso, y este es solo el primer paso, así que tal vez tengas que retomarlo más adelante.

Cuando se enteró de que Jesús venía, ¿qué hizo Marta inmediatamente? (v. 20).

Me gustaría que mi reacción inicial cuando una persona me lastima o me decepciona fuera confrontarla directamente. Pero, usualmente, hago de todo menos ir a hablar con ella. A menudo intento ignorar el problema, lo que puede llevarme a la evasión, mientras añado a mi lista mental (que reviso regularmente) todo lo que me ha hecho. Así, la relación se vuelve distante hasta que la otra persona o yo somos lo suficientemente valientes como para iniciar una conversación al respecto. Solo cuando tengo el valor para decirle a alguien cómo me siento y también para escuchar la perspectiva de esa persona, nuestra relación se vuelve más fuerte.

Encierra en un círculo las áreas de tu vida donde te has sentido herida o decepcionada por Dios. Describe brevemente tu experiencia al lado de cada categoría que encierres.

FAMILIA (MATRIMONIO, HIJOS, PADRES, HERMANOS)	
SALUD	
IGLESIA	
RELACIONES	
CARRERA O FINANZAS	
ANHELOS INSATISFECHOS O ALGO QUE NO RESULTÓ COMO ESPERABAS	
OTRO	

Piensa en las formas en las que has respondido a las personas que te han herido. Compara eso con la forma en que respondes a Dios en tu sufrimiento. ¿Cómo ha afectado tu relación con Dios la manera en que le respondes?

Marta entendía la doctrina; ella afirmó inmediatamente su confianza en la relación de Jesús con el Padre, así como su creencia en la doctrina de la resurrección del Antiguo Testamento (vv. 22, 24). Pero Jesús no quería que ella simplemente creyera en la resurrección en el día final; también la estaba llamando a creer en Él y en Su poder para resucitar a Lázaro ese día. Le interesaba la teología correcta de Marta, así como su confianza y su fe.

Los versículos 25 y 26 son declaraciones fundamentales sobre el evangelio. Podemos estar seguras de la vida eterna cuando creemos en Jesús. Él es la resurrección y la vida, y si creemos en Él, incluso cuando muramos, viviremos para siempre. Estas palabras no solo se aplicaron a María, Marta y Lázaro en aquel día, sino que se aplican a todas nosotras hoy.

Al final del versículo 26, Jesús le preguntó a Marta: «¿Crees esto?». ¿Cómo responderías a esa pregunta?

Cuando la vida te da un golpe bajo, ¿eres como Marta, rápida para correr hacia Jesús, expresar lo que hay en tu corazón y, luego, escuchar Su respuesta? ¿Por qué sí o por qué no?

LEE JUAN 11:28-37. **¿Qué le respondió Jesús a María? (vv. 32-35).**

Los versículos 33 y 38 contienen la palabra griega ἐμβριμάομαι (embrimáomai), que usualmente se traduce como «profundamente conmovido».[4] Sin embargo, esta palabra griega significa literalmente «suspirar con disgusto» o «ser movido por la ira». Es similar a la furia.

¿Por qué podría Jesús haber estado enfurecido en este momento?

El pastor Tim Keller dice que a Jesús le enfurece la muerte.[5] Es un resultado del pecado, y Jesús odia sus efectos en el mundo que Él creó. Jesús lloró con María (la palabra griega es literalmente «derramó lágrimas») al sentir su dolor por lo que había sucedido y estaba enojado por cómo la muerte había arruinado la belleza de la creación de Dios.[6] Jesús no estaba enojado porque Su amigo había muerto (lo resucitaría pronto), sino posiblemente con la muerte misma y todo lo que esta acarrea. La muerte no está domesticada; a menudo, es desagradable. Nuestra esperanza es saber que todo será hecho nuevo algún día, pero hasta que eso suceda, la vida puede ser indescriptiblemente difícil y hacernos enfurecer.

¿Te sorprende que Jesús sienta enojo por la tumba? Explica tu respuesta. ¿Cómo puede ser reconfortante la respuesta de Jesús?

Jesús participó en el duelo de Sus amigos. Él sabía que resucitaría a Lázaro y, sin embargo, lloró con María. Las hermanas tuvieron que ver a su hermano sufrir y morir, preguntándose si Jesús vendría, mientras Lázaro experimentaba el dolor de morir. Esta familia a la que Jesús amaba y con la que estaba íntimamente conectado no se salvó de este dolor.

Cualquiera que haya perdido a un ser querido sabe lo insoportable que es ese dolor. No hay por qué imaginar que fue más fácil para María y para Marta. Es cierto que Jesús resucitó a Lázaro de entre los muertos, pero eso no quitó el dolor de su muerte. Y aunque sabemos que nuestros seres queridos en Cristo serán resucitados, el dolor de su partida es real. Hasta que Cristo regrese, todos vamos a experimentar los efectos de la muerte.

¿Te identificas con la pregunta de los espectadores en Juan 11:37? Explica tu respuesta.

¿En momentos de sufrimiento o pérdida, has podido experimentar el amor y la presencia de Dios? ¿Cómo fue esa experiencia para ti? Explica tu respuesta.

¿Qué revela sobre Jesús la respuesta diferente que le dio a cada hermana? ¿Te identificas más con Marta, que quería entender lo que estaba sucediendo, o con María, que buscaba consuelo?

LEE JUAN 11:38-44. ¿Qué te llama la atención al leer este pasaje?

Escribe el versículo 40. ¿Cómo se relaciona con el versículo 42 y con los versículos 4, 14, y 25 al 26 que vimos antes? ¿Cuál es la conexión entre el creer y la gloria de Dios?

Juan 11 muestra claramente que Jesús amaba a María, a Marta y a Lázaro. Entonces, ¿por qué no se apresuró a rescatarlos del sufrimiento? ¿Por qué esperó?

Una razón por la que Jesús esperó fue para revelar la gloria de Dios para que otros creyeran. Aunque Jesús realizó muchos milagros antes de esto, no quiso que Su identidad fuera demasiado conocida. Pero, en ese punto, había comenzado a mostrar abiertamente quién era en verdad. Además, según la tradición rabínica, el alma abandonaba el cuerpo después de tres días; esperar cuatro días habría enfatizado que Lázaro realmente había muerto y fue resucitado.[7] Entonces, claramente, resucitar a los muertos sería un milagro indiscutible para confirmar Su identidad.

Aunque entiendo que la resurrección de Lázaro mostró la gloria de Dios, alguna vez me pareció despiadado que una familia sufriera solo para que otras personas vieran a Dios. No le veía el sentido, hasta que me sumergí en el pasaje. Mientras que las acciones de Jesús llevaron a otros a la fe (Juan 11:45), este milagro también solidificó la fe de esta familia y profundizó su comprensión de quién era Él.

Jesús odió su sufrimiento y odiaba el dolor de la muerte. Sin embargo, Él sabía que después de ver a Lázaro resucitado, confiarían en que tenía poder sobre la muerte y que también los resucitaría. Ver la gloria de Dios y creer en Él harían que valiera la pena todo el dolor.

Jesús sabía que la mejor manera de demostrar Su amor a Sus amigos era fortalecer su fe en Él. Por lo tanto, podemos decir que una de las más grandes formas en que Dios nos demuestra Su amor es mostrándonos más de sí mismo, aun cuando eso implica sufrimiento. Mi amiga Joni Eareckson Tada estaría de acuerdo. Joni es una escritora y oradora cristiana que quedó cuadripléjica después de un accidente de buceo, ha tenido cáncer dos veces y vive con un incesante e intenso dolor acompañado de noches de insomnio. Ella me anima a aferrarme a Dios en mi propio dolor con el siguiente recordatorio: «Cuanto más intenso es el dolor, más cercano es el abrazo».[8] Al igual que Joni, si bien yo no elegiría sufrir, he experimentado el impresionante amor de Dios y Su presencia en el dolor. A través de mi padecimiento, realmente he visto la gloria de Dios.

¿Qué has aprendido sobre Jesús con este pasaje?

DÍA 3

Acabamos de examinar detenidamente Juan 11 para comprender el pasaje en su contexto. Ahora escucha su versión en audio y deja que el Espíritu Santo te hable a través de Su Palabra de una manera diferente.

Vamos a orar:

Amado Señor, háblame a través de Tu Palabra y muéstrame algo de Ti que necesite ver. Ayúdame a eliminar todas las distracciones y haz que Tu Palabra, que es viva y eficaz, penetre en mi corazón para que pueda encontrarte.

Utiliza una aplicación o sitio web de la Biblia en audio para escuchar Juan 11:1-44 leído en voz alta. (Algunas opciones son las aplicaciones de la Biblia YouVersion, Dwell y biblegateway.com).

Mientras escuchas, imagínate en la historia. ¿Qué frases notas? ¿Qué ves? Escribe cualquier cosa que te hable al escuchar el pasaje.

¿Cómo ha afectado este pasaje tu perspectiva sobre tus pérdidas y anhelos?

¿Cómo ha cambiado tu visión de Jesús al estudiar esta historia?

La gran pregunta de esta semana planteada de manera un poco diferente sería: ¿Cómo puede Dios amarnos y *dejarnos sufrir*? Nos preguntamos por qué Él no nos ha rescatado. Como señalamos ayer, Juan 11 nos dice que Jesús no rescató a Sus amigos para que ellos vieran la gloria de Dios y creyeran en Él. Pero, para la mayoría de nosotras, esa respuesta no es satisfactoria, hasta que la experimentamos.

Cuando estaba embarazada de mi segundo hijo, durante una ecografía de rutina a las veinte semanas, descubrieron que mi bebé tenía una condición cardíaca rara que requeriría cirugía al momento de nacer. El 8 de abril de 1997, el día que nos enteramos del problema de Paul, escribí en mi diario:

8 de abril de 1997

Todo saldrá bien. No sabemos qué es esto, pero Tú, Señor, sí.

La primera cirugía de Paul salió mejor de lo anticipado; yo estaba segura de que Dios tenía grandes planes para la vida de Paul.

Cuando Paul tenía siete semanas de vida, lo llevamos a un chequeo de rutina y vimos a otro cardiólogo, quien le quitó la mayoría de sus medicamentos ya que, según él, Paul estaba saludable y bien sin ellos. Estábamos emocionados. Sin embargo, dos días después, Paul gritó en medio de la noche y dejó de moverse en los brazos de mi esposo. Llamamos al 911, pero ya era demasiado tarde. Paul estaba muerto.

Estábamos en shock. Quería procesar este dolor con Dios, desesperadamente quería aferrarme a Él en esta pérdida.

El día que Paul murió, escribí esto en mi diario:

Por favor, usa esto para bien en mi vida y en la vida de todos los que conocieron a Paul o incluso oyeron de él. Dame tu consuelo porque me siento vacía por dentro... Solo quiero gritar.

Mi esposo y yo hablamos en el funeral de Paul, declarando que Dios nunca comete errores. En ese momento sentí que Dios me sostenía, pero días después deseé poder retractarme de esas palabras. Me preguntaba por qué Dios no le había perdonado la vida a mi bebé. ¿Por qué Dios me había dado esperanzas con una cirugía exitosa para luego dejar que muriera? ¿De qué servía tener fe si Dios no iba a rescatarme? Mi Biblia permaneció cerrada mientras me alejaba de Dios, preguntándome si podría volver a confiar en Él.

Cuatro meses después, escribí en mi diario:

> *Me alegra cuando la gente habla de Paul, pero es difícil escuchar que su muerte los acercó más a Dios. ¿Tenía que morir por el bien de todos los demás? Me siento vacía y sola. Me duele.*

Me molestaba que la vida y la muerte de Paul acercaran a las personas a Dios; sentía que el niño se había vuelto más un principio que una persona. Un día estaba conduciendo sin rumbo, vacía y deprimida, cuando finalmente le pedí a Dios que me ayudara. Puse una canción de adoración y, en un instante, la presencia de Dios llenó mi auto. Cuando apagué la música, sentí que la presencia de Dios se intensificó y me sentí rodeada por la gloria de Dios. Él estaba en todas partes, y me sentí abrumada por Su presencia. Ese momento cambió todo: las verdades sobre el amor y el consuelo de Dios que antes eran teóricas se volvieron impresionantemente reales.

A través de la vida y la muerte de Paul, entendí que era amada y sostenida, aunque no fuera rescatada. Todavía no entiendo por qué Dios decidió llevarse a Paul cuando lo hizo, pero sí sé que ver la gloria de Dios ancló mi fe.

Le conté a mi querida amiga, Christa Wells, sobre mi experiencia con el consuelo de Dios en medio de mis preguntas y dudas por la muerte de Paul. Ella plasmó esto en la canción Held (Sostenida), que más tarde fue grabada por Natalie Grant.

El coro dice:

> *Esto es lo que significa ser sostenida*
> *Lo que se siente cuando te quitan algo sagrado*
> *Y sobrevives*
> *Esto es lo que significa ser amada*
> *Y saber que la promesa fue que*
> *Cuando todo cayera, seríamos sostenidas.*[9]

Escríbele una carta a Jesús diciéndole todo lo que tienes en tu corazón. Escribe tus preguntas, comparte tus decepciones. Sé honesta. Habla de las veces en que te has sentido abandonada, preguntándote por qué no te rescató. Tanto Marta como María comenzaron sus encuentros con Jesús diciéndole: «Si hubieses estado aquí, mi hermano no habría muerto» (vv. 21, 32). ¿Has tenido pensamientos similares sobre tu aflicción y dolor? ¿Crees que Jesús debería haberte respondido de manera diferente? Escribe tus pensamientos.

Ve a la lista de tus luchas y pérdidas actuales en la página 186. Añade a esa lista los eventos más duros y los puntos más bajos de tu vida con fechas aproximadas. En la página 187, empieza a escribir una lista de los momentos más felices y los puntos más altos de tu vida con fechas aproximadas también. Usaremos estas listas para un ejercicio importante al final.

DÍA 4

Mis hijas no apreciaban mi opinión cuando eran adolescentes, especialmente cuando les recordaba cosas que pensaba que debían hacer. Este es un extracto de nuestra carta de Navidad de 2012:

> *La noche anterior a un partido de baloncesto que Kristi jugaba en otra ciudad, le enumeré lo que tenía que empacar. Volteando los ojos, me dijo: «¡Ya lo sé! Deja de molestarme y de tratarme como a una niña. Ya tengo lo que necesito». Los que son padres experimentados tal vez se preguntarán: «¿Y cuándo se dio cuenta de que algo faltaba?». La respuesta es precisamente quince minutos antes de que el autobús partiera, cuando yo estaba tomando café con una amiga.*

A Kristi no le gustaba que la conociera tan bien como lo hacía, pero todos anhelamos ser vistos, conocidos y amados.

Me mudé varias veces antes de cumplir los treinta años; y aunque me gustaba la aventura, los primeros meses en el lugar nuevo eran solitarios, anhelaba que alguien me conociera. Todavía recuerdo a la primera persona que me invitó a cenar en cada ciudad y que llegó a conocer una parte de mi historia personal. Esa conexión personal lo cambiaba todo para mí.

¿Qué te hace sentir conocida? ¿Por qué es importante?

Dios nos conoce mejor de lo que nadie jamás lo ha hecho o lo hará. No hay nada sobre nosotras que Dios no sepa: nuestros miedos, nuestras frustraciones, nuestras fantasías, nuestros pensamientos fugaces y los sueños que dejamos olvidados.

Salmos 139 se centra en cuán bien nos conoce Dios. Cuando visité a una amiga cercana que estaba en el hospital después de una crisis nerviosa, le leí Salmos 139, insertando su nombre mientras hablaba. Ella dijo que esas palabras la cambiaron, ya que entendió por primera vez que era completamente conocida, amada y aceptada por Dios.

LEE SALMOS 139. ¿Qué sabe Dios sobre ti? (vv. 1-4).

VUELVE A LEER LOS VERSÍCULOS 13-16 ¿Cómo nos conoce Dios tan bien? De estos versículos, ¿qué más puedes agregar a la lista de lo que Dios sabe sobre ti?

LEE A CONTINUACIÓN EL VERSÍCULO 17 EN DIFERENTES VERSIONES:

¡Cuán preciosos también son para mí, oh Dios, Tus pensamientos! ¡Cuán inmensa es la suma de ellos!» (NBLA, énfasis mío).

«Qué preciosos son tus pensamientos acerca de mí, oh Dios. ¡No se pueden enumerar!» (NTV, énfasis mío).

Medita en este versículo por unos minutos y escribe tus pensamientos.

¿Te ha conmovido esta interpretación/versión tan profundamente como a mí? Dios piensa en mí todo el tiempo, no puedo contar la suma de los pensamientos que tiene de mí. Son tan innumerables como los granos de arena.

A pesar de lo maravilloso que es este versículo, quizás te preguntes, así como yo lo he hecho a menudo, ¿cómo podría Dios pensar en mí y en el resto del mundo al mismo tiempo? Pero cuando leí sobre una cámara de video que puede filmar diez billones de fotogramas por segundo, tuvo más sentido para mí.[10] Si los seres humanos pueden crear una cámara que puede procesar tanta información en un segundo, ¿cuánto más fácilmente podrá Dios saber todo lo que estamos haciendo y pensando cada segundo?

Dios nos conoce y nos ama. Debemos creer en estas verdades para encontrar una esperanza real en nuestro sufrimiento. Romanos 8:31-39 es un pasaje impresionante que nos reafirma el amor inmutable de Dios, que Pablo enfatizó a través de una serie de preguntas retóricas.

LEE CADA PREGUNTA EN ROMANOS 8:31-35, y luego respóndela o escríbela como una afirmación. Brindo la primera como ejemplo.

- Romanos 8:31: Nadie puede estar contra nosotras si Dios es por nosotras.
- Romanos 8:32:
- Romanos 8:33:
- Romanos 8:34:
- Romanos 8:35:

LEE ROMANOS 8:37-39. Al leer la lista de lo que no nos separará del amor de Dios en Cristo, ¿qué es lo más significativo para ti? ¿Por qué?

LEE EFESIOS 3:16-19. Escribe una lista de lo que Pablo pidió en oración por los efesios.

Pablo estaba explicando el amor de Dios y pidiéndole al Espíritu Santo que le diera a los efesios la fuerza y el poder para entenderlo. Esa oración implica que necesitamos la ayuda de Dios para conocer Su amor, no podemos comprenderlo por nuestra cuenta. Además, Pablo usó la palabra griega *ginóskó* para conocer, que significa «conocer por observación y experiencia».[11] Para comprender completamente el amor de Dios, necesitamos verlo y experimentarlo.

Como cristianos, a veces entendemos el amor de Dios de manera meramente intelectual. Conocemos y memorizamos la Escritura, pero eso puede sentirse ajeno a la vida cotidiana. El amor de Dios es tanto un hecho que fundamenta nuestra fe como una experiencia que moldea nuestras vidas. No se trata solo de poder recitar versículos de la Biblia sobre el amor de Dios, sino de recibir Su amor de una manera concreta. Saber que somos amadas a menudo está conectado con sentir Su presencia, saber que Él está con nosotras. No se trata tanto de una sensación mística, sino más bien de notar cómo Dios está ahí para nosotras. En otras palabras, para experimentar más plenamente el amor de Dios, debemos estar atentas a la evidencia de ello.

Podemos experimentar el amor de Dios al tener una conversación profunda con una amiga y sentirnos comprendidas y conocidas, al ver la respuesta a una oración o al sentirnos conmovidas por la bondad de alguien. Cuando creemos que toda buena dádiva y que todo don perfecto vienen de lo alto (Santiago 1:17), podemos ver señales de Su amor en todas partes. Salmos 136 empieza diciendo: «Alabad a Jehová, porque él es bueno, porque para siempre es su misericordia». Y luego relata cómo el Señor demuestra Su amor a Su pueblo. Las señales de Su amor están por todas partes. Solo tenemos que prestar atención y pedirle a Dios específicamente que nos muestre cómo nos ama.

¿De qué maneras experimentas el amor de Dios?

¿Alguna vez has dudado del amor de Dios por ti? ¿Lo estás dudando ahora? Explica tu respuesta.

Si estuvieras segura de que Dios te ama, ¿cómo cambiaría eso tu perspectiva de tu sufrimiento?

La pregunta «Si Dios me ama, ¿por qué dejó que esto pasara?» cambia cuando estamos seguras de que Dios nos ama. Se convierte en: «Dado que Dios me ama, ¿por qué dejó que esto pasara?». Esta pregunta nos lleva en la dirección opuesta a la anterior. Nos lleva a buscar un propósito, creyendo que Dios ha traído estas situaciones difíciles a nuestras vidas para nuestro bien, por Su amor hacia nosotras. Ese cambio de perspectiva me cambió la vida.

Dios se deleita en ti, Dios se regocija sobre ti con cánticos (Sofonías 3:17). No podría amarte más o ser más para ti de lo que es ahora mismo.

Pero reconozco que es posible que en este momento no te sientas amada por Dios. Si bien los sentimientos no definen la realidad, sí enmarcan cómo vemos nuestras vidas, nuestro sufrimiento y nuestra relación con Dios. Si no nos sentimos vistas, conocidas y amadas, llegaremos a conclusiones muy diferentes sobre lo que nos ha sucedido. Si no estás segura del amor de Dios, vuelve a leer los pasajes que estudiamos. Sigue orando y pídele a Dios que te muestre que eres amada. Te invito a hacer esta oración conmigo:

Querido Señor, yo sola no puedo entender cuánto me amas, pero Tú puedes hacer que Tu amor sea real para mí. Ayúdame a entender que, en Cristo, me amas de manera extraordinaria, y que nada puede separarme de Tu amor. Te pido que hagas que Tu amor sea evidente para mí esta semana.

Este extracto del poema «Beloved is where we begin» [Amada es donde empieza todo], de Jan Richardson, expresa de manera hermosa mi anhelo para ti:

No te vayas
sin escuchar quién eres:
¡eres amada!
nombrada por el Único
que ha andado por este camino
antes que tú.

No te vayas
sin dejar que resuene
en tus oídos,
y si te parece difícil
aceptarlo en tu corazón,
no te desesperes.
Para eso es este camino.[12]

Amada es donde empieza todo

DÍA 5

Comenzamos esta semana haciéndonos la gran pregunta: *Si Dios me ama, ¿cómo pudo dejar que esto pasara?* ¿Ha ayudado el estudio de esta semana a responder esa pregunta? Explica tu respuesta.

¿Cómo has experimentado el amor y la fidelidad de Dios hacia ti esta semana? ¿Dónde has sentido Su presencia? Presta atención a las señales de Su amor y Su presencia a través de situaciones específicas, como recibir la respuesta a una oración, experimentar una paz inesperada, sentir consuelo después de leer la Biblia, etcétera.

¿Cómo está obrando Dios en ti? ¿Y en tu sufrimiento?

LEE SALMOS 31:7. ¿Qué ves en este versículo y qué has aprendido esta semana sobre ser vista, conocida y amada?

El amor de Dios, ¿es más teórico o práctico para ti? Explica tu respuesta.

¿Cómo te ha consolado el Señor en tu aflicción y en las dificultades durante los últimos días y semanas? ¿Dónde has visto evidencias de Su amor? Dale gracias por eso ahora.

Elisabeth Elliot dijo: «Dios nunca rehúsa a Su hijo lo que su amor y sabiduría llaman *bueno*... El rehusar de Dios siempre es misericordioso. Sí, en ocasiones son ‹misericordias severas›, pero siguen siendo misericordias».[13] Y también dijo: «Dios nunca nos niega los deseos de nuestro corazón, salvo para darnos algo mejor».[14]

¿Que piensas sobre estas frases? ¿Te parecen reconfortantes o confusas? Explica tu respuesta.

Lee las siguientes declaraciones. Elige una, busca el versículo, escríbelo en una nota adhesiva o una tarjeta, y colócala en un lugar donde puedas verla para hacerte acordar del amor de Dios.

Dios se deleita en mí.
LEE SALMOS 18:19.

Dios cuida de cada detalle de mi vida. Él lleva la cuenta de mis penas y recoge todas mis lágrimas.
LEE SALMOS 56:8.

Dios cuida de cada detalle de mi vida. Él lleva la cuenta de mis penas y recoge todas mis lágrimas.
LEE SALMOS 54:10.

Incluso cuando parece que todo se está desmoronando, puedo contar con el amor de Dios
LEE ROMANOS 8:31-32.

Nada podrá separarme jamás del amor de Dios.
LEE ROMANOS 8:38-39.

Reflexión final

En la página 20, te pedí que escribieras sobre algo que te tuviera afligida o por lo que sintieras necesidad de llorar. El duelo puede sentirse como una montaña rusa, lo cual es natural. Rara vez se supera de golpe y de manera sencilla. **Tómate unos minutos para reflexionar sobre tu pérdida y cómo podrías continuar procesándola.** Considera orar y meditar en los versículos que estudiamos esta semana. Escribe sobre tu experiencia. Considera visitar a una consejera bíblica, hablarlo con amigas o unirte a un grupo como GriefShare® como opciones para el futuro. O tal vez podrías experimentar con alternativas no verbales como la música, el arte, dar un paseo, sentarse al sol, cocinar o hacer actividad física. No guardes tu dolor ni sufras en silencio. Toma los pasos que sean necesarios para permitir que el Señor sane tu quebranto.

Profundiza

En la página 15, hablamos sobre la gloria de Dios y, en la página 14, establecimos la conexión entre el amor de Dios y Su gloria.

¿Tiene sentido para ti? A continuación, escribe cualquier pregunta que tengas al respecto:

Lee los siguientes pasajes sobre la gloria de Dios. ¿Cómo contribuyen a tu comprensión de la gloria de Dios?

- Éxodo 33:17-23; 34:1-8
- Éxodo 40:34-38
- Lucas 9:28-36
- Juan 1:14-18
- Juan 2:11

SESIÓN 2: GUÍA DEL VIDEO

SI DIOS ME AMA, ¿CÓMO PUDO PERMITIR QUE ESTO PASARA?

Mira el video de la sesión 2 y toma notas a continuación.

PREGUNTAS PARA REFLEXIONAR EN GRUPO

¿Qué parte de la enseñanza del video fue más significativa para ti? ¿Por qué?

¿Alguna vez te has preguntado si realmente le importas a Jesús? Si es así, ¿por qué?

¿Por qué el sufrimiento a veces nos aleja de Dios y a veces nos acerca a Él?

¿Cuáles son algunas formas en las que Dios ha mostrado y continúa mostrando Su amor por ti?

Saber que Jesús también sufrió, ¿cómo te ayuda en tu sufrimiento?

¿Cómo ha sido afectada tu visión del sufrimiento por lo que has aprendido hoy?

¿Qué parte de lo aprendido en esta semana de estudio te ha equipado mejor para ayudar a otras personas que están sufriendo?

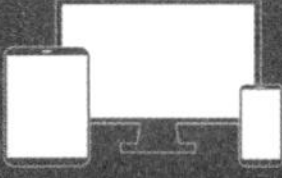

Para acceder a los videos de las sesiones de enseñanza, sigue las instrucciones de la parte posterior de este estudio bíblico.

SESIÓN 3

Pregunta

¿CÓMO RECONOCER LA PRESENCIA DE DIOS CUANDO LO SIENTO TAN DISTANTE?

DÍA 1

Mis hijas no me escuchan. La mayoría de las veces, mis minisermones conmovedores o preguntas perspicaces caen en saco roto, y ellas suspiran y dicen: «¿Otra lección de vida?». Cuando eran más pequeñas, aparentemente ni siquiera podían escuchar algunas de mis preguntas directas. Este es un extracto de nuestra carta de Navidad de 2008:

> *Al igual que muchos niños, Kristi tiene audición selectiva; es capaz de repetir nuestras conversaciones susurradas palabra por palabra pero, aparentemente, no es capaz de oír instrucciones directas. Un día, ya molesta, le pregunté a Kristi por qué se tardaba en responder. Ella contestó: «¡Si solo te escuché la tercera vez que me llamaste, mamá!».*

Estoy agradecida de que, a diferencia de mis hijas, el Dios del universo siempre me está escuchando. Él me escucha cada vez que lo llamo, y me responde.

Recuerda que las tres «P» a las que nos aferramos en el sufrimiento nos dan un marco para este estudio. Esta es la segunda de tres sesiones que están enfocadas en el ancla de la PRESENCIA de Dios. La semana pasada estudiamos el amor de Dios y cómo, Su amor por nosotras, siempre nos da lo mejor. Somos vistas, conocidas y amadas por Él, quien está con nosotras en nuestros problemas, aun cuando no nos rescate de ellos. Esta semana veremos cómo las disciplinas de leer la Biblia y orar pueden llevarnos a la presencia de Dios, que es donde hallamos nuestra mayor alegría.

Para empezar, hablemos sobre la oración.

La oración es un increíble regalo de Dios, pero a veces se siente más como una tarea que como un regalo.

¿Cuáles de estas declaraciones describen cómo te sientes cuando tienes dificultades para orar? Encierra en un círculo todos los obstáculos que se apliquen a tu vida.

Me pregunto si Dios está escuchando, porque no está pasando nada.	**No estoy segura de que Dios pueda cambiar a la persona o a la situación. Parece imposible.**	**No sé cómo orar o qué pedirle.**
		Otro: ___________
La oración no parece causar un impacto.	**No quiero orar. Requiere demasiado esfuerzo.**	___________ ___________

Démosle un vistazo a Ana, la madre del profeta Samuel, cuya historia nos da un hermoso ejemplo de un tipo de oración que usamos en el sufrimiento: el lamento.

LEE 1 SAMUEL 1:1-20. Anota tus observaciones iniciales. ¿Qué notas sobre la relación que Ana tenía con Dios?

Ahora, demos un vistazo más de cerca.

VUELVE A LEER LOS VERSÍCULOS 1-8. ¿Qué notaste sobre la relación entre Ana y Penina? ¿Y entre Ana y Elcana?

¿Quién cerró el vientre de Ana? ¿Qué pensamientos y sentimientos tienes al leer esto?

Es claro cómo Dios usó la esterilidad de Ana para bien, pero no por qué decidió hacerlo de esa manera. Por años, es muy probable que Ana no entendiera el propósito de su dolor mientras lloraba ante Dios. Quizás tú también te hayas sentido así.

Las burlas crueles de Penina y el hecho de que tuviera muchos hijos habrían magnificado la aflicción de Ana. En el versículo 7, vemos que cada vez que la familia viajaba a Silo para adorar al Señor, Ana terminaba llorando y sin ganas de comer. Quizás entiendas ese dolor porque anhelas tener hijos o casarte y no puedes soportar abrir otra invitación para un baby shower o una boda.

O quizás anhelas tener amistades profundas, un cónyuge amoroso, hijos creyentes, seguridad financiera, un cuerpo saludable o una familia «normal» (como sea que la definas), y eso simplemente no se ha vuelto realidad. Tal vez te sientas frustrada al ver a personas que tienen lo que anhelas y parecen darlo por sentado. Quizás te preguntes, al igual que yo he hecho, *por qué no te pasa a ti*.

Tal vez, así como para Ana, el ir a la iglesia, donde todos se ven tan aseados y perfectos, solo intensifica tu dolor. Sé que cuando estoy rodeada de personas cuyas vidas se ven tan ordenadas, presto más atención al desorden en mi vida y a lo que falta en ella.

¿Cuál crees que era la parte más dolorosa del sufrimiento de Ana? ¿Cómo te identificas con ello?

¿Cómo intentó Elcana consolar a Ana? (vv. 5, 8). ¿Cómo crees que eso la hizo sentir?

¿Has intentado consolar a alguien diciéndole que aprecie sus bendiciones? ¿Alguna vez alguien ha intentado consolarte de esa manera? ¿Cuál fue el resultado?

¿Alguna vez has ignorado tus bendiciones y te has enfocado únicamente en lo que te falta? Elegir la gratitud puede sonar cliché, especialmente en medio del sufrimiento, pero ¿cómo puede ser útil? ¿Alguna vez has escrito una lista de gratitud? ¿Cuáles fueron los resultados?

LEE 1 SAMUEL 1:9-18. Resume las acciones de Ana en medio de su dolor (vv. 9-11). Incluye a dónde fue, qué hizo y qué le dijo a Dios.

¿Cómo manejas tu dolor? ¿En qué consiste ese proceso para ti?

Me encanta el ejemplo de Ana, que lleva su angustia directamente ante Dios y en Él derrama su corazón, su dolor y sus peticiones.

¿Qué asumió Elí sobre Ana y cómo le respondió? Si fueras Ana, ¿cómo habrías reaccionado? ¿Qué puedes aprender del ejemplo de Ana?

¿Qué podemos aprender sobre el corazón y la actitud de Ana a partir de su interacción con Elí?

En el versículo 16, Ana dijo que estaba orando por la magnitud de sus congojas y su aflicción («mi gran angustia y mi profundo dolor», NTV). Las palabras hebreas utilizadas para describir su oración fueron *siakh* y *kaas*. Siakh significa *queja* y *kaas* puede traducirse como *dolor, ira, indignación* o *enojo*, particularmente ante un trato injusto.[1] Así que ella estaba llevándole sus quejas y sus lágrimas de ira al Señor.

¿Crees que fue apropiado que ella orara de esa manera? Explica tu respuesta.

¿Alguna vez has orado de esa manera? ¿Cuál fue el resultado?

¿Qué haces cuando estás triste, ansiosa o desanimada? ¿Vas a las redes sociales, te distraes frente al televisor o te desahogas con una amiga? ¿O te acercas a Dios con tu dolor como lo hizo Ana? La oración angustiada de Ana a Dios es lo que llamamos lamento: derramar sin filtros tus emociones y dolor ante Dios. El *lamento* es una forma de procesar emociones fuertes, de manejar el dolor con esperanza, expresando indignación por nuestra pérdida sin dejar de confiar en la bondad de Dios.

Darle nuestras quejas honestas a Dios no refleja una fe débil, sino más bien una profunda confianza en Él. El lamento es volverse directamente hacia Dios, negándose a alejarse de Él, aun en medio del dolor y la decepción. Es resolver nuestras dificultades *con* Dios. El lamento declara que ponemos nuestra esperanza en Dios aun cuando sentimos que nuestras luchas son dolorosas y no tienen un propósito. Nuestra vulnerabilidad con el Señor nos lleva directamente a Su presencia, que es lo que más necesitamos en medio del sufrimiento.

Como vemos en el ejemplo de Ana, el lamento no siempre necesita palabras audibles.

LEE ROMANOS 8:26. Presta atención a lo que nos enseña sobre la oración sin palabras. ¿De qué manera te da ánimo este versículo?

A veces ni siquiera podemos expresar nuestra angustia con palabras. Afortunadamente, cuando eso sucede, el Espíritu ora en nuestro lugar, sabiendo lo que necesitamos. Los gemidos indecibles del Espíritu son una oración poderosa.

Cuando Elí se dio cuenta de que Ana era una mujer justa que oraba con un corazón quebrantado, él también quiso que Dios le concediera su petición. Pero su situación no cambió cuando salió del templo.

¿Cuál fue la respuesta de Ana a las palabras de Elí y a su tiempo con el Señor? (v. 18). ¿Por qué crees que su rostro ya no estaba triste?

LEE 1 SAMUEL 1:19-20; 2:1. ¿Qué hizo Ana antes de partir a casa? (v. 19a). ¿Qué puedes aprender de su ejemplo?

¿Cuál fue el resultado de la oración de Ana? (vv. 1:20; 2:1). Escribe una lista de todas las razones de su alegría.

La perspectiva de Ana cambió después de su lamento, incluso antes de que su oración fuera respondida. Lo mismo puede ser cierto para nosotras. Decirle a Dios cómo me siento en medio de mi angustia me ha llevado a tener un sentido misterioso y extraordinario de la presencia de Dios. He salido cambiada, casi deshecha. A través del lamento, Dios me ha llevado a tener tiempos de intimidad y alegría con Él como nunca antes.

Después del lamento de Ana, Dios la recordó; Él contestó su oración y ella dio a luz a un hijo.

Ana estaba desanimada y lloró por muchos años mientras esperaba y oraba por un hijo. Quizás tuvo las mismas luchas con la oración que tú, preguntándose si Dios la estaba escuchando, si él podría cambiar la situación o, incluso, si valía la pena hacer el esfuerzo de orar.

¿Cómo crees que el ser honesta sobre tu dolor puede llevarte a tener una fe más profunda en Dios que fingir que estás bien? ¿Eres honesta con Dios acerca de cómo te sientes? Explica tu respuesta.

DÍA 2

Parte del lamento es quejarse, lo cual no me cuesta hacer para nada (con Dios o con cualquiera), pero no me emociona tanto cuando mis hijas se quejan. Este es un extracto de nuestra carta de Navidad de 2004:

> *Como muchos de ustedes saben, intentamos enseñarles a las niñas a usar la Biblia, y he estado enseñándole a Katie sobre ser agradecida y no quejarse. Ellas habían memorizado Filipenses 2:14, y un día le pedí que lo recitara. Katie dijo: «No hagan nada sin quejarse o discutir». Creo que no hay nada más que decir.*

Tal vez yo me canse de oír las quejas de mis hijas, pero estoy agradecida de que Dios nunca se canse de escucharnos. Tal como David nos muestra en Salmos 142:2, podemos derramar nuestras quejas ante Dios y contarle nuestros problemas.

¿Pero de qué otras maneras deberíamos orar en medio del sufrimiento? ¿Podemos pedirle a Dios que elimine nuestro sufrimiento, o deberíamos simplemente pedirle que nos dé la fuerza para soportarlo? La oración de Jesús en el huerto de Getsemaní me ha ayudado a responder esa pregunta.

LEE MARCOS 14:32-40. Anota tus observaciones iniciales. ¿Qué te llama la atención?

LEE MARCOS 14:32-34. ¿Cómo se sentía Jesús? ¿Qué les pidió directamente Jesús a Pedro, a Jacobo y a Juan que hicieran? ¿Hay algo que te sorprenda de este pasaje?

Me encanta ver la humanidad de Jesús aquí. Él sabía cómo iba a terminar la historia, pero igual se sentía profundamente angustiado por lo que estaba a punto de enfrentar. Sabía que sería traicionado, que negarían conocerlo, que se burlarían de Él y que lo golpearían. También sabía que sería abandonado por el Padre y que dejaría de estar en comunión con Él mientras soportaba una muerte horrorosa. Antes de emprender ese doloroso camino, Jesús les pidió a Sus amigos que estuvieran con Él.

¿Has pasado tiempos difíciles en que querías que tus amigos estuvieran contigo? ¿Les pediste que vinieran o simplemente deseaste que supieran lo que necesitabas? Explica tu respuesta.

Jesús le habló a «Abba, Padre» en Su oración (v. 36). ¿Por qué crees que es particularmente importante recordar que Dios es nuestro Padre en medio del sufrimiento? ¿Cómo puede esto influir en tu vida de oración?

Tal vez sea difícil pensar en Dios como tu Padre debido al trato duro o abusivo que recibiste de tu padre terrenal. Pero te pido que entiendas que Dios el Padre no es así. Él te ama profunda y tiernamente (1 Juan 3:1), te ha adoptado y te ha llamado Suya (Romanos 8:14-17). Puedes confiar en Él.

¿Qué dijo Jesús que es posible para Dios? (Marcos 14:36). ¿Crees que esto es verdad? Si no, detente y pídele a Dios que te dé la fe para creer (Marcos 9:24).

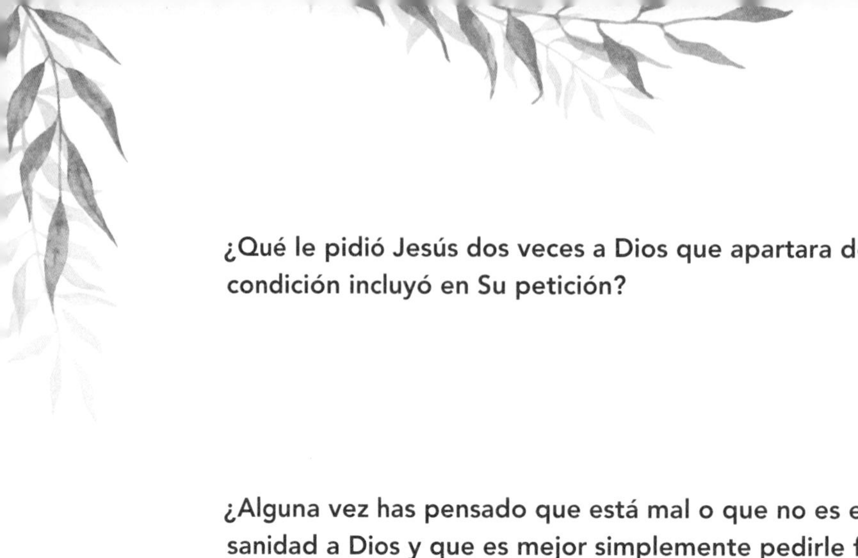

¿Qué le pidió Jesús dos veces a Dios que apartara de Él? ¿Qué condición incluyó en Su petición?

¿Alguna vez has pensado que está mal o que no es espiritual pedirle sanidad a Dios y que es mejor simplemente pedirle fuerza? Explica tu respuesta. ¿De qué manera nos enseña la oración de Jesús a orar?

¿Qué petición audaz quieres hacerle a Dios? Detente y pídele ahora.

¿Qué crees que Dios te está pidiendo que le rindas?

¿Por qué motivo les pidió Jesús a los discípulos que oraran y por qué? (v. 38).

¿En qué situaciones has descubierto que tu espíritu está dispuesto pero tu carne es débil?

En Getsemaní, Jesús les dijo a Sus discípulos que velaran y oraran para que no cayeran en tentación.

¿Cómo puedes orar por las situaciones y patrones de pensamiento que te distraen durante el día? ¿Por qué es esto importante?

Al comienzo de esta semana, en la página 42, identificamos algunos obstáculos para la oración. Si bien hemos aprendido sobre la oración en el sufrimiento tanto de los ejemplos de Ana como de Jesús, he incluido otros pasajes y pensamientos adicionales que me han dado aliento.

Para los principales obstáculos de la oración que identificaste en la página 42, lee la sección correspondiente. Elige dos o tres pasajes relacionados y escribe la(s) verdad(es) que quieras recordar.

SUPERANDO LOS OBSTÁCULOS DE LA ORACIÓN

Me pregunto si Dios está escuchando, porque no veo que suceda nada. La oración no parece causar un impacto.

Cuando oro y no veo resultados durante mucho tiempo, a menudo asumo que no está pasando nada. Pero he aprendido a confiar en que Dios está obrando y nos dará lo mejor a Su debido tiempo. Así como el bambú chino, que muestra un crecimiento mínimo durante los primeros cinco años mientras construye un extenso sistema de raíces y luego crece hasta alcanzar noventa pies de altura en cinco semanas, Dios puede estar preparándose para mostrarnos Su respuesta.[2] Pero incluso si nuestras peticiones no son respondidas al orar, podemos estar seguros de que Dios está escuchando y que responde a nuestro clamor (Salmos 10:17; Isaías 30:19; Jeremías 33:3; Daniel 10:12; Miqueas 7:7; Mateo 18:19-20; Lucas 18:1).

VERDADES PARA RECORDAR:

No estoy segura de que Dios pueda cambiar a la persona o a la situación. Parece imposible.

Cuando me doy cuenta de que Dios creó el universo con una palabra y que puede crear cosas nuevas de la nada, hago oraciones más audaces (2 Reyes 6:15-18; Salmos 78:12-16; Proverbios 21:1; Jeremías 32:17, 27; Lucas 18:27; Hebreos 11:3).

VERDADES PARA RECORDAR:

No quiero orar. Requiere demasiado esfuerzo.

No necesitas reunir la motivación por tu cuenta. Puedes decirle: «Señor, no me siento con ánimos de orar. Ayúdame a querer hacerlo». Debemos reconocer que estamos en una batalla espiritual y que Satanás quiere evitar que oremos. Nuestras oraciones no necesitan ser «espirituales»; necesitan ser honestas. Tu oración puede ser tan corta y simple como decir: «Ayúdame» (Mateo 6:7; Efesios 6:12; Santiago 4:2b, 7-8; 1 Pedro 5:8-9).

VERDADES PARA RECORDAR:

No sé cómo orar o qué pedir.

Cuando no sé qué decir al orar, tomo prestadas las palabras de otros. Repito en oración la Escritura. El padrenuestro es una gran guía, especialmente cuando la intercalas con tus propias palabras y peticiones (Nehemías 1:4-11; Salmos 6; 51:1-4, 9-12; Mateo 6:5-15; Lucas 18:9-14; Efesios 1:15-23; 3:14-21).

VERDADES PARA RECORDAR:

¿Qué has aprendido en este día de estudio que vas a aplicar a tu propia vida de oración?

DÍA 3

Acabamos de examinar detenidamente 1 Samuel 1:1-20 para comprender el pasaje en su contexto. Ahora escucha su versión en audio y deja que el Espíritu Santo te hable a través de Su Palabra de una manera diferente.

Vamos a orar:

Amado Señor, háblame a través de Tu Palabra y muéstrame algo sobre Ti que necesite ver. Ayúdame a eliminar todas las distracciones y haz que Tu Palabra, que es viva y eficaz, penetre en mi corazón para que pueda encontrarte.

Utiliza una aplicación o sitio web de la Biblia en audio para escuchar.

1 Samuel 1:1-20 leído en voz alta (Algunas opciones son las aplicaciones de la Biblia YouVersion o Dwell y el sitio web biblegateway.com).

Mientras escuchas, imagínate en la historia. ¿Qué frases notas? ¿Qué ves? Escribe algo que te hable al escuchar el pasaje.

¿Cómo ha afectado este pasaje tu perspectiva sobre el lamento en tus pérdidas y anhelos?

¿Cómo ha cambiado tu visión del Señor al estudiar esta historia?

Después de convertirme al cristianismo en la secundaria, me entusiasmaba la idea de crecer en mi fe. Leí libros cristianos, me involucré en un ministerio universitario y lideré un grupo pequeño. Pensé que comprendía por completo la vida cristiana. Pero después de la universidad, me alejé de Dios cuando empecé a enfocarme de lleno en mi carrera y en las vidas de mis amigos no cristianos. La vez que abría la Biblia, era por obligación. Y cada vez se sentía monótono y aburrido.

Y luego, mi vida se desmoronó. En casi todas las formas posibles. En mi desesperación, abrí la Biblia y comencé a hablar con Dios. Realmente me comuniqué con Él. Había pasado casi una década satisfecha solo escuchando buenos sermones, recibiendo consejos de amigos y leyendo devocionales. Pero, de repente, eso ya no bastaba. Necesitaba algo sólido a lo que aferrarme, y lo encontré conforme fui conociendo a Dios en la Escritura.

Comencé a expresar mi lamento después de que Paul murió, y entendí que la honestidad y las lágrimas producían una asombrosa intimidad con Jesús. Aprendí a orar y estudiar la Escritura cuando lo enseñé. Durante ese tiempo, también presencié respuestas milagrosas a la oración. Aprendí a amar la Palabra cuando mi esposo nos dejó, y estaba desesperada por que Dios se acercara. Quería la sabiduría y el consuelo de Dios, y necesitaba que Su Espíritu señalara mi pecado. Solo entonces podría arrepentirme, ser renovada por la presencia de Dios (Hechos 3:19-20) y ser transformada por Él.

Lo que escribí en mi diario el 16 de agosto de 2009 muestra cómo el Señor hizo todas esas cosas.

> *Me levanté temprano ayer por la mañana y en mi mente repasé todas las formas en que Dave me había perjudicado. Cuanto más lo pensaba, más me molestaba. Pasé un buen rato pensando en todo lo que me enojaba hasta que me di cuenta de que no había fijado mis ojos firmemente en Cristo. Mis ojos estaban fijos en mí misma.*
>
> *Pensé en Pedro. Él pudo caminar sobre las aguas cuando sus ojos estaban en Jesús. Pero cuando apartó su mirada de Jesús y se enfocó en lo externo, comenzó a hundirse. En este momento, estoy hasta el cuello de preocupaciones. Las aguas son profundas y me ahogaré en ellas. No puedo hacerlo yo sola.*

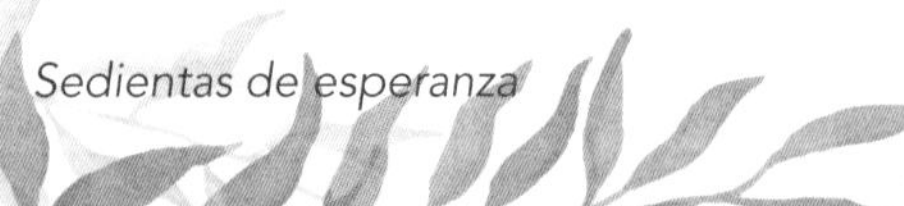

Pero conforme voy leyendo la Palabra y oro, noto que poco a poco estoy siendo transformada. El peso de las cargas desaparece, me siento mucho más ligera. Conforme medito en la Palabra, se siente como un bálsamo para mi alma. Y tengo una nueva perspectiva al ver Tu verdad, Señor. Mientras estudio Salmos 119, recuerdo que la Palabra nos trae avivamiento, nos da vida. Sin ella, nos desvanecemos, nos marchitamos como flores bajo el sol abrasador; pero la Palabra de Dios nos restaura.

Salmos 119, que contiene 176 versículos sobre la Palabra de Dios, siempre me había parecido aburrido y repetitivo. Sin embargo, en esta nueva temporada, me brindó esperanza y aliento. Fragmentos del pasaje se volvieron parte de mi vocabulario y permanecen en él hasta el día de hoy. Quería que Dios estuviera ahí para mí; quería ver algo en el pasaje que estaba leyendo. Así que cada mañana le pedía: «Abre mis ojos para que vea las verdades maravillosas que hay en tus enseñanzas» (Salmos 119:18); y Dios me encontraba de una u otra manera. Conforme repetía «Postrada está mi alma en el polvo; vivifícame conforme a tu palabra» (Salmos 119:25 NBLA), Dios fue devolviéndome la vida.

Descubrí que leer la Biblia y orar están entrelazados, ya que la Escritura le dan una base a nuestras oraciones. Dios nos habla a través de Su Palabra y nosotras le respondemos. Ese intercambio me ha dado alegría en la presencia de Dios (Salmos 16:11), incluso en medio del dolor más devastador. Así como el lamento empieza con quejas y lágrimas pero termina con confianza y alabanza, el tiempo que pasé leyendo la Biblia me transformó. Probé la bondad de Dios (Salmos 34:8), y Sus palabras se volvieron más valiosas que la comida. Entendí la alegría de Jeremías cuando dijo: «Fueron halladas tus palabras, y yo las comí; y tu palabra me fue por gozo y por alegría de mi corazón» (Jeremías 15:16).

La Biblia nos enseña cómo lamentarnos. Más de un tercio de los salmos se consideran lamentos en los que los autores llevaban sus preguntas, miedos y dudas ante Dios con sinceridad. Se quejaban audazmente, pedían liberación y alivio y, de alguna manera, en este encuentro alcanzaban una confianza genuina y una alabanza auténtica. Lo mismo sucede con nosotras. No hay necesidad de forzar ese cambio de la queja a la confianza; ocurre naturalmente a medida que desviamos nuestro enfoque de nosotras mismas a Dios, lo que maravillosamente nos lleva a Su presencia.

Salmos 13 demuestra los cuatro elementos que se encuentran en la mayoría de las oraciones de lamento:

1. Volverse a Dios
2. Quejarse
3. Pedir ayuda
4. Decidir confiar y alabar

Vamos a usar el formato de Salmos 13 para escribir nuestro propio lamento.

VUELVE A LEER SALMOS 13:1-2. Este salmo de lamento combina los dos primeros elementos: volverse hacia Dios y quejarse.

A continuación, escribe tus quejas y preguntas para Dios:

¿Dónde estás, oh Señor?

VUELVE A LEER SALMOS 13:3-4. El salmista le pide a Dios que lo libre y le dice lo que anhela.

A continuación, escribe tus propios pedidos a Dios:

Señor, ¿podrías... ?

VUELVE A LEER SALMOS 13:5-6. David concluye el salmo confiando y alabando a Dios, aun cuando su situación no ha cambiado.

A continuación, escribe tus propias palabras de alabanza y de confianza en Dios:

Pero tú, oh Dios, eres...

Otros salmos de lamento que pueden ser buenos ejemplos para tus oraciones son los salmos 6; 42; 77 y 142. Salmos 77 nos ayuda a recordar la fidelidad pasada de Dios y a confiar en que Él seguirá siendo fiel.

DÍA 4

Dado que este es un estudio bíblico, probablemente la mayoría que está leyendo estas palabras cree que la Biblia es importante y útil. ¿Pero has hallado vida y alegría en la Escritura? Quizás estudiar la Escritura como un libro de respuestas solo ha aumentado tu conocimiento, o tal vez es solo una tarea más de tu lista de obligaciones.

¿Qué rol ha tenido la Palabra en tu vida? ¿Ha cambiado ese rol con el tiempo? Explica tu respuesta. ¿En qué momentos de tu vida has leído la Biblia con más diligencia? ¿Y en qué momentos ha sido más intermitente tu lectura y estudio?

Entiendo que a veces es difícil abrir la Biblia cuando estás pasando por tiempos difíciles. Quizás te sientes tan abrumada que no tienes fuerzas para salir de la cama, ni mucho menos para leer algo. O tal vez tienes un horario sobrecargado que hace que sea difícil encontrar un momento específico para estudiar. Satanás quiere alejarnos de la Escritura convenciéndonos de que leer la Biblia es solo una tarea más. Y tu motivación para leer puede ser influenciada en gran manera por lo que quieres obtener de ello.

Entonces, ¿qué quieres obtener de la lectura de la Biblia? ¿Te identificas con alguna de estas buenas razones bíblicas para leer la Palabra?

- Para aprender lo que dice la Escritura y obedecerla (Salmos 86:11; 119:33).
- Para crecer como cristiana y examinarme (2 Timoteo 3:16-17; Hebreos 4:12).
- Para obtener sabiduría, orientación y consejos prácticos (Salmos 32:8; 119:24).
- Para ser instruida, alentada y consolada por Sus palabras (Salmos 119:76; Romanos 15:4).

- Para conocer a Dios más profundamente y deleitarme en Él (Salmos 16:11; Jeremías 15:16).

Obtenemos estas maravillosas cosas de leer la Biblia, sin embargo, el conocimiento de la Escritura no siempre conduce a un cambio de vida. Los fariseos conocían muy bien la Escritura, pero sus corazones permanecían duros. Ellos conocían la Escritura, pero no conocían a Dios (Juan 8:19) ni Su poder (Mateo 22:29), por lo que, a fin de cuentas, su conocimiento no valía nada (Juan 5:39-40). Como resultado, resistieron al Espíritu Santo (Hechos 7:51).

RAZÓN POR LA QUE NECESITAMOS LA AYUDA DE DIOS PARA LEER LA BIBLIA

Leer y conocer la Escritura no es el objetivo final. El objetivo final es conocer a Dios para poder deleitarnos en Él. Podemos obtener consejos prácticos, palabras de consuelo, doctrina y conocimiento de la Biblia sin interactuar con Dios. Pero para hallar verdadera alegría en la Palabra y en Dios, para valorarlo y ser transformadas, necesitamos la ayuda de Dios (2 Corintios 3:18). La Biblia es un libro sobrenatural y necesitamos que el Espíritu de Dios nos ayude a entenderlo (1 Corintios 2:12, 14). El Espíritu hace que la Palabra de Dios cobre vida, transformando las palabras escritas en vida para nosotras.

Leemos la Biblia para ver, para saborearla y para ser transformadas. Ver es un regalo. No todos los que leen la Escritura pueden ver lo que ofrecen; solo Dios puede revelarlo de manera sobrenatural. Solo así la Palabra enciende nuestros corazones como lo hizo con aquellos discípulos que viajaban a Emaús después de la resurrección de Jesús (Lucas 24:32, 45). Verlo de esa manera nos lleva a saborear a Dios, que es cuando Su alegría se convierte en la nuestra. Y, finalmente, ver y saborear la gloria de Dios nos transforma.

El proceso empieza con Dios abriendo nuestros ojos, pero requiere nuestra observación cuidadosa mientras aplicamos el texto a nuestras vidas. Significa que debemos confiar en Dios y pedirle sabiduría cuando abrimos Su Palabra y la leemos con atención. Es un acto tanto natural como sobrenatural.

Cuando Pedro declaró que Jesús era el Cristo, el Hijo del Dios viviente (Mateo 16:16), no había escuchado directamente a Dios como lo hizo Juan el Bautista en el bautismo de Jesús (Mateo 3:17), pero la revelación fue inspirada sobrenaturalmente. Entonces respondió Jesús: «Bienaventurado eres, Simón, hijo de Jonás, porque no te lo reveló carne ni sangre, sino mi Padre que está en los cielos» (Mateo 16:17). Así como en esta revelación a Pedro, solo Dios puede revelarnos las verdades de la Escritura. Es por ello que necesitamos acercarnos a la Escritura con una actitud de dependencia y confianza en Dios. Debemos pedirle a Dios que nos ayude y confiar en que lo hará.[3]

ANTES DE LEER LA BIBLIA

El acrónimo DIRE representa lo que quiero que Dios haga en mí al leer la Escritura. Quizás te ayude a recordar qué pedir en oración antes de leer la Biblia, especialmente si agregas tus propias palabras para volverlo más personal.

D - Despierta mis oídos para escuchar Tu voz.

I - Ilumina mis ojos para ver y entender las maravillas de tu verdad.

R - Revela mi pecado y Tus caminos.

E- Encamina mi corazón a Tu amor y a alabar.

A continuación encontrarás una explicación de DIRE y lo que significa.

LEE CADA SECCIÓN Y LOS VERSÍCULOS CORRESPONDIENTES. Luego, usa el espacio en blanco para escribir en tus propias palabras específicamente lo que quieres pedirle a Dios que haga.

D - Despierta mis oídos para escuchar Tu voz.
La Biblia es la forma principal en que Dios nos habla, pero si queremos oír Su voz, necesitamos escuchar atentamente.

1 Samuel 3:9 • Isaías 50:4.

Señor, te pido... ____

I - Ilumina mis ojos para ver y entender las maravillas de Tu verdad.
Necesitamos la ayuda de Dios para ver las maravillosas verdades en la Escritura y para entender lo que significan.

Salmos 119:18 • Lucas 24:45

Señor, te pido... ______________________________

R - Revela mi pecado y Tus caminos.
No podemos ver nuestro pecado o conocer los caminos de Dios hasta que Él los revele.

Salmos 25:8 • Hebreos 4:12

Señor, te pido... ______________________________

E- Encamina mi corazón a Tu amor y a alabar.
Nuestra lectura de la Escritura debería llevarnos a regocijarnos en el amor de Dios y a adorarlo.

Salmos 119:76-77 • 2 Tesalonicenses 3:5

Señor, te pido... ______________________________

CÓMO LEER LA BIBLIA

Estos son tres hábitos que pueden hacer que tu lectura de la Biblia sea más profunda:

1. Presta atención a lo que dice el texto

Para conocer a Dios, necesitamos saber lo que dice Su Palabra. Léela con detenimiento y atención, no desplaces tu vista pasivamente por el texto. Memoriza pasajes, anota palabras o frases sorprendentes y reescribe los pasajes a mano para ayudarte a ver lo que está allí. Moisés vio el valor de reescribir pasajes de la Biblia e incluso instruyó a los futuros reyes de Israel a transcribir la ley para ellos mismos, para ayudarles a aprender a tener temor de Dios y obedecerle y para que siempre llevaran la ley con ellos (Deuteronomio 17:18-20).

2. Sigue excavando más profundo hasta comprender el significado

Cada libro en la Biblia fue escrito para un público específico. Por lo tanto, primero debemos leer con ese contexto en mente y luego discernir lo que significa para nosotras. No descartes las cosas que no entiendes, sigue investigando. No te consideres «por encima» de la Escritura, asumiendo que tienen que encajar con tu punto de vista, sino más bien ponte «debajo» de ellas y permite que te moldeen.

3. Responde a la Escritura

Obedece lo que Dios dice en Su Palabra: debemos ser hacedoras de la Palabra y no solo oidoras (Santiago 1:22). Como vimos en Nehemías 8, el escriba Esdras alentó a los que escuchaban las palabras a servir a aquellos que no estaban preparados para su celebración sagrada.

Esencialmente, estas instrucciones nos animan a mirar la Escritura y preguntar:

- ¿Qué dice?
- ¿Qué significa?
- ¿Qué hago con esto?

EJEMPLO BÍBLICO DE INTERACCIÓN CON EL PASAJE

LEE NEHEMÍAS 8:1-12. ¿Quién escuchó la lectura de la Escritura? ¿Qué hicieron mientras se leía? (vv. 3, 5-6).

¿Qué hicieron Jesúa y los otros levitas? (vv. 7-8). ¿Por qué era importante su obra? ¿Por qué es importante este tipo de obra actualmente?

¿Qué hicieron las personas primero tras oír la Palabra de Dios? (v. 9). ¿Alguna vez has sentido dolor o pena luego de leer la Biblia? Si es así, ¿por qué?

¿Qué animaron a hacer Esdras y los otros líderes a la gente y por qué? (vv. 10-11).

¿Cómo respondió la gente a ese pedido? (v. 12). ¿En qué ocasiones has experimentado alegría al leer y entender la Palabra de Dios? Si esa no es la experiencia típica para ti, pídele a Dios que te muestre qué es lo que está impidiendo tu alegría. Quizás necesites confesarte, arrepentirte y ser obediente a la dirección de Dios.

EN QUÉ CONSISTE PASAR TIEMPO CON DIOS

Tenemos el privilegio de poder hablar y escuchar al Dios que creó el universo y que controla todo lo que hay en él. Y, sin embargo, a menudo se nos hace difícil dedicar un tiempo para pasar con Dios, especialmente en una temporada abrumadora. Y cuando no tenemos ningún deseo de encontrarnos con Dios, a veces el primer paso es simplemente pedirle a Dios que nos ayude a querer leer la Biblia y hablar con Él.

A continuación, comparto un listado con la forma en que organizo mi tiempo personal con Dios. No lo tomes como una plantilla inflexible de lo que tienes que hacer. De hecho, mi rutina ha sido muy diferente en otras etapas de mi vida.

Tu tiempo con Dios no necesita seguir un formato específico, descubre lo que mejor se acomode a ti.

Mi TIEMPO PERSONAL CON DIOS

- *Me acuesto temprano* porque el sueño es el factor que más afecta tanto mi consistencia como mi atención por las mañanas.
- *Minimizo las distracciones,* no reviso mi teléfono antes de comenzar ni mientras estoy leyendo. Sin embargo, si me llego a distraer, me detengo y le pido a Dios que me ayude a reenfocarme.
- *Utilizo una Biblia física* para poder escribir en los márgenes y subrayar.
- *Llevo un diario* en un cuaderno de hojas a rayas. A veces escribo sobre los eventos en mi vida o registro cómo me siento, mi interacción con la Escritura o mis peticiones. Pueden ser solo unas cuantas oraciones.

- *Tengo un bloc de notas junto a mi Biblia* para escribir cualquier pensamiento que surja y, a menudo, termino incluyéndolo en mi lista de tareas pendientes.

- *Decido de antemano lo que voy a estudiar* y lo tengo listo cada mañana. Si eres nueva en la lectura de la Biblia, considera comenzar con un evangelio y leer una sección cada día.

- Le pido a Dios que me ayude mientras *leo la Palabra usando la oración de DIRE* (página 59).

- *Espero a que Dios me muestre algo* y leo con eso en mente. En lugar de apresurarme a terminar lo que estoy leyendo, pienso en las implicaciones y aplicaciones de los pasajes.

- *Hablo con Dios mientras leo*; lo alabo, me arrepiento y le hago peticiones mientras interactúo con el pasaje.

- *Oro* usando mis tarjetas de apuntes. He creado una tarjeta de alabanza con los atributos de Dios y una tarjeta de arrepentimiento con los pecados con los que estoy luchando. Además, tengo tarjetas de oración diarias para mi familia y tarjetas de oración semanales para mis amigas que están sufriendo, para las personas del ministerio y otras más. Adapté este método del libro «*Una vida de oración*» de Paul Miller.

Comenzamos esta semana preguntándonos cómo podemos reconocer la presencia de Dios cuando se siente distante. Todo empieza por hablar con Dios, creyendo que Él escucha y contesta nuestras oraciones. Es mediante el lamento honesto, sabiendo que nuestro clamor nos llevará a la alegría, y mediante la lectura y el estudio de Su Palabra. El objetivo de la oración y la lectura de la Escritura no es acumular más conocimiento; es encontrarse con Dios, buscar Su rostro, escuchar Su voz, disfrutar de Su presencia, adorarlo y contemplar Su gloria. Esas cosas nos transformarán. Sin duda, la Escritura hace muchas otras cosas: nos dan esperanza, avivan nuestros corazones, nos enseñan los caminos de Dios, nos consuelan con Sus promesas y nos dan sabiduría, por mencionar algunas de ellas. Pero, a fin de cuentas, nuestra lectura debe llevarnos a Dios mismo. Y en medio del sufrimiento profundo, más que cualquier otra cosa, nuestros corazones necesitan experimentar Su presencia. A medida que empecemos a ver la vida a través del lente de la presencia de Dios, iremos descubriendo que, incluso en medio del dolor, podemos hallar alegría plena en Él.

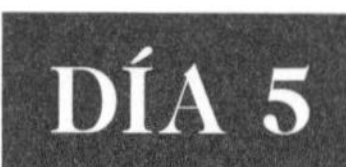

DÍA 5

Empezamos esta semana haciéndonos la gran pregunta: *¿Cómo puedo reconocer la presencia de Dios cuando lo siento tan distante?* ¿Ha ayudado el estudio de esta semana a responder esa pregunta? Explica tu respuesta.

¿Cómo has experimentado el amor y la fidelidad de Dios hacia ti esta semana? ¿Dónde has sentido Su presencia? Presta atención a las señales de Su amor y Su presencia a través de situaciones específicas, como recibir la respuesta a una oración, experimentar una paz inesperada o sentir consuelo después de leer la Biblia.

¿Cómo está obrando Dios en ti? ¿Y en tu sufrimiento?

LEE SALMOS 63:1-8. ¿Cómo crees que estos versículos refuerzan las verdades de esta lección?

Vuelve a escribir el acrónimo DIRE e intenta recordar qué representa cada letra. Si fuera necesario, vuelve a leer esa sección y los pasajes correspondientes.

D

I

R

E

¿En qué consiste deleitarse en Dios? ¿Alguna vez lo has experimentado? Explica tu respuesta.

Estos son algunos de los versículos que más uso y que se han transformado en parte de mi vocabulario. Hablan sobre la alegría, la presencia de Dios y lo que suelo pedirle a Dios que haga.

Elige una de estas declaraciones, busca el versículo, escríbelo en una nota adhesiva o tarjeta y colócala en un lugar donde puedas verla. Recordar constantemente esta verdad te ayudará a hallar alegría en el Señor y en Su Palabra.

Dios nos muestra Sus caminos y nos da alegría en Su presencia.
LEE SALMOS 16:11.

Podemos saborear y ver la bondad de Dios mientras corremos hacia Él.
LEE SALMOS 34:8.

Dios me mostrará cosas maravillosas de Su Palabra al buscarlo.
LEE SALMOS 119:18.

Dios me vivificará con Su Palabra cuando esté completamente desanimada.
LEE SALMOS 119:25.

La Palabra de Dios es un deleite y alegría para aquellos que lo conocen.
LEE JEREMÍAS 15:16.

Reflexión final

Una vez me pregunté si sumergirme en la Escritura realmente hacía alguna diferencia. Pensé que tal vez las personas lo recomendaban con entusiasmo solo para parecer más espirituales. Quizás tú también te lo hayas preguntado. No fue hasta que lo intenté yo misma, comprometiéndome a pasar tiempo con el Señor cada día, que descubrí cuán vivificante puede ser una relación con Él. Si estás luchando en tu caminar con Dios y lo sientes distante, siéntate con Dios en silencio durante unos minutos y luego pídele que te motive a leer la Biblia y a orar. Si estás sufriendo, escribe un lamento personal como lo hicimos en el día 3. También puedes elegir algunos de los pasajes que estudiamos esta semana para meditar en ellos y pedirle al Señor que se revele a través ellos.

SESIÓN 3: GUÍA DEL VIDEO

¿CÓMO RECONOCER LA PRESENCIA DE DIOS CUANDO LO SIENTO TAN DISTANTE?

Mira el video de la sesión 3 y toma notas a continuación.

PREGUNTAS PARA REFLEXIONAR EN GRUPO

¿Qué parte de la enseñanza del video fue más significativa para ti? ¿Por qué? ¿Por qué Dios a menudo se siente distante en nuestro sufrimiento?

¿Cómo describirías o definirías el lamento?

¿Por qué es tan importante para nosotras poder lamentarnos en nuestro sufrimiento?

¿Cómo has hallado consuelo y ayuda a través de la oración y la Escritura en tiempos difíciles?

¿Cómo ha sido afectada tu visión del sufrimiento por lo que has aprendido hoy?

¿Qué parte de lo aprendido en esta semana de estudio te ha equipado mejor para ayudar a otras personas que están sufriendo?

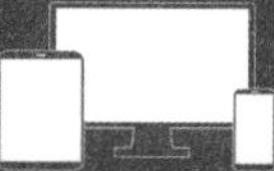

Para acceder a los videos de las sesiones de enseñanza, sigue las instrucciones de la parte posterior de este estudio bíblico.

SESIÓN 4

Pregunta

¿Y SI OCURRE LO PEOR?

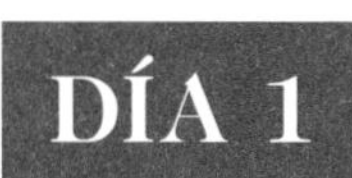

DÍA 1

A mis veintitantos, Greg rompió mi corazón. Habíamos estado saliendo por un tiempo, y pensé que íbamos a casarnos, hasta que una noche me llamó y terminó conmigo. No me dio mucha explicación; solo me dijo que ya no sentía lo mismo. Hablamos varias veces después mientras yo intentaba entender lo que había sucedido y salvar nuestra relación. Pero no pude.

Después de procesar el rechazo de Greg, comencé a temer lo peor. ¿Había algo malo conmigo? ¿Volvería alguien a amarme alguna vez? ¿Había sido esta mi única oportunidad de ser feliz?

No podía imaginar un futuro con alguien más, no quería hacerlo. Pero cuando busqué a Dios, Él restauró mi corazón. No sentí esa certeza de que fuera a encontrar a alguien más, pero sí sentía que incluso si me quedaba soltera, Dios sería suficiente. Anhelaba casarme, pero incluso si Él no cumplía ese sueño, sabía que Dios nunca me abandonaría y que cumpliría Su propósito para mí. Saber eso me inundó de paz.

Esta semana cerraremos el tema de las tres «P» de la PRESENCIA de Dios. Para comenzar, daremos una mirada a las mujeres que estuvieron cerca de la cruz durante la crucifixión de Jesús. Estoy segura de que, en ese momento, pensaron que estaba sucediendo lo peor.

LEE JUAN 19:23-27. ¿Quién estaba al pie de la cruz con los soldados?

Veamos con más detenimiento a dos de las mujeres mencionadas en el pasaje.

LEE LUCAS 1:26-33. ¿Cómo saludó Gabriel a María y cuál fue su mensaje para ella?

¿Cuáles son las cinco cosas que le dijo el ángel sobre Jesús? (vv. 32-33).

Si un ángel te dijera todo esto, sin conocer el final de la historia, ¿cómo esperarías que fuera tu vida?

La vida de María estuvo llena de una mezcla de alegría y dolor. Echemos un vistazo a ambas categorías.

Primero, la alegría, la promesa y la seguridad de María eran inconfundibles. Probablemente tenía grandes sueños para su vida.

- María fue favorecida por Dios, y recibió el anuncio de que daría a luz al Hijo de Dios (Lucas 1:30-32). Ella tenía certeza de las promesas del ángel porque:
  - su prima Elisabet reconoció a Jesús en el vientre (Lucas 1:39-45),
  - un ángel se le apareció a José en un sueño (Mateo 1:20-25),
  - los pastores presenciaron el anuncio de los ángeles con la noticia del nacimiento de Jesús (Lucas 2:8-20),
  - Simeón y Ana reconocieron al recién nacido Jesús en el templo (Lucas 2:27-38),
  - los sabios viajaron desde lejos para conocer al nuevo rey (Mateo 2:9-10),
- Jesús fue obediente y sumiso a Sus padres (Lucas 2:51-52).

Pero el dolor, la pérdida y las decepciones que María sufrió fueron intensos e inesperados, en especial si se consideran las promesas que había recibido.

- María era una joven virgen que estaba comprometida; su embarazo podría haber traído vergüenza y la amenaza de ser apedreada si se pensaba que había sido el resultado de un acto de adulterio (Juan 8:3-5).
- José, su prometido, cuestionó su carácter y quería divorciarse de ella en silencio (Mateo 1:19).
- Ella viajó una gran distancia estando embarazada, solo la acompañaba José (Lucas 2:4-5).
- Su bebé recién nacido fue colocado en un pesebre, un lugar donde comían los animales (Lucas 2:6-7).
- Simeón, quien reconoció a Jesús en el templo, le dijo que una espada atravesaría el alma de ella (Lucas 2:35).
- María y José eran pobres; ofrecieron tórtolas, no un cordero, en la dedicación de Jesús (Levítico 12:8).
- María estaba al pie de la cruz, viendo a su hijo morir junto a criminales.

¿Qué pensamientos pasan por tu mente mientras lees ambas listas? ¿Te sorprendió algo? ¿Te molestó algo? Explica tu respuesta.

¿Alguna vez pensaste que tu vida transcurriría sin problemas porque seguías a Jesús? Cuando era una joven cristiana, estaba convencida de que Dios me bendeciría con una vida libre de dolor porque lo estaba sirviendo. Me pregunto si María pensaba de manera similar.

María sabía que Jesús era el Hijo de Dios, quien se sentaría en el trono de David. ¿Se habrá preguntado cuándo comenzaría Su reinado? Cuando en Caná Jesús le dijo «Aún no ha venido mi hora» (Juan 2:4), ¿ella se habrá preguntado cuándo llegaría esa hora? Mientras Jesús estaba clavado en la cruz, ¿se preguntó María qué había pasado con todas las promesas que Dios había hecho? ¿O cómo ser favorecida por Dios pudo terminar de tal manera?

¿Cuáles crees que hayan sido los anhelos y las pérdidas excepcionales de María al ver a Jesús en la cruz? ¿Hay elementos con los que puedes identificarte? Explica tu respuesta.

¿Qué le dirías a un cristiano que dijera que todo sufrimiento es un castigo de Dios? ¿Cómo contradice la historia de María esa idea?

La otra mujer al pie de la cruz que veremos es María Magdalena.

LEE LUCAS 8:1-3. ¿Qué descubrimos sobre María Magdalena en este pasaje?

En Marcos 5:1-20, vemos a un hombre poseído por múltiples demonios que lo atormentaban, obligándolo a deambular solo por las tumbas. Nadie quería acercarse a él. Si bien no todas las posesiones demoníacas eran iguales, quizás su historia nos revela algo de la vida de la que Jesús rescató a María Magdalena.

Hace años, presencié un cambio increíble en alguien que amo. Pero, a menudo, temía que el cambio fuera temporal y que su vida volviera a las dificultades que tenía antes. Quizás hayas tenido una experiencia similar: tú o alguien a quien amas fue rescatado por Jesús, pero te preguntaste si podría mantenerse firme en ese rescate.

Además de perder a su Salvador, María Magdalena pudo haberse preguntado qué le sucedería cuando Jesús muriera. ¿Se habrá preguntado si su pasado de terror demoníaco volvería con mayor fuerza? ¿Se habrá preocupado ella por lo que les sucedería a los seguidores de Jesús, que tal vez fueron Sus primeros amigos auténticos, Su primera comunidad real? Piensa en estas cosas mientras respondes a la siguiente pregunta:

¿Cuáles crees que hayan sido los anhelos y las pérdidas excepcionales de María Magdalena mientras observaba la crucifixión? ¿De qué manera puedes identificarte con ella?

Imagina que estuvieras con estas mujeres al pie de la cruz cuando Jesús exhaló Su último aliento y la oscuridad descendió sobre el lugar. Un pequeño grupo unido de personas que tal vez se sentían abandonadas por los que habían huido. Sin embargo, se quedaron hasta el final, con sus ojos puestos en Jesús.

LEE LUCAS 23:54-56; 24:1. Cómo mostraron las mujeres su amor y devoción hacia Jesús?

Estas mujeres nunca abandonaron a Jesús y siguieron Su cuerpo para ver dónde era enterrado. Una vez que supieron cuál era Su lugar de descanso, volvieron a sus hogares para preparar todo para Su entierro. Se pusieron en acción a pesar de su dolor.

Yo entiendo eso. Aunque estés desconsolada, igual tienes que hacer la cena. Los niños todavía necesitan ir a la escuela. Hay montones de ropa por lavar, facturas que pagar, innumerables cosas por hacer. En este caso, el cuerpo necesitaba ser preparado para el entierro, un proceso que requería especias para lidiar con la descomposición.

Había tantas cosas que hacer después de que mi hijo Paul murió, que no sabía por dónde empezar. Elisabeth Elliot, cuyo esposo, Jim Elliot, fue martirizado en el campo misionero, era conocida por su admonición de «hacer lo siguiente» incluso en medio del dolor.[1] Y eso es lo que hice. Tuve que contarles a mis seres queridos lo que pasó, planear un funeral, escribir un obituario, elegir un ataúd. Se sintió abrumador, pero a medida que iba haciendo lo siguiente, fui avanzando.

¿Cómo puede la frase «hacer lo siguiente» ayudarte a avanzar en una situación con la que estás luchando en este momento?

En la cruz, vimos cómo Jesús cuidó de Su madre al decirle a Juan que la protegiera. En el siguiente pasaje, vemos cómo Jesús cuidó de María Magdalena.

LEE JUAN 20:1-2,11-18. ¿Cuál fue la experiencia de María Magdalena en la tumba? ¿Qué creía ella que le había sucedido a Jesús? (vv. 1-2, 11-15).

Para María Magdalena, había ocurrido lo peor. Jesús estaba muerto, y ella ni siquiera sabía dónde estaba Su cuerpo. Ella había ido a la tumba con las otras mujeres para preparar el cuerpo de Jesús para el entierro y quizás también para estar cerca de Él en medio de Su dolor, pero Él no estaba allí. Mientras lloraba, escuchó que alguien le habló. Aunque pueda sonar duro para nosotras, el término «mujer» no era despectivo en los tiempos de Jesús. Jesús también se dirigió a su madre como «mujer» en dos ocasiones (Juan 2:4; 19:26).

¿Qué hizo que María Magdalena reconociera a Jesús? (v. 16). ¿Por qué crees que eso la hizo darse cuenta de que era Él?

Cuando alguien usa nuestros nombres, nos sentimos conocidas. En la oscuridad de la madrugada y en medio de su aflicción, María no había reconocido a Jesús, pero sí lo hizo cuando Él dijo su nombre. Me pregunto si ella reconoció la ternura y el amor en Su voz.

Me recuerda las poderosas palabras de Isaías 43:1 que suelo repetir para mí misma: «No temas, porque yo te redimí; te puse nombre, mío eres tú».

Jesús le dijo a María que no lo agarrara ni lo tocase (v. 17). Eso puede sonar duro, pero Jesús no estaba rechazando a María. Él iba a regresar pronto a su Padre, lo que significaba que Él y María tendrían una nueva relación, una en la que Jesús nunca estaría separado de ella nuevamente. Pronto ella tendría un consuelo diferente y experimentaría Su presencia como nunca antes lo había hecho. Además, Jesús le encomendó la importante tarea de contarles a los discípulos lo que había sucedido. Los testimonios de las mujeres en esa cultura generalmente eran desestimados. Sin embargo, Jesús eligió a esta mujer, a quien había liberado de una vida quebrantada, a quien había visto, conocido y amado, para ser la primera persona a la que se le apareció y a la que comisionó para proclamar Su resurrección.

María Magdalena constantemente tenía sus ojos en Jesús y no quería estar separada de Él, incluso cuando ocurrió lo peor. ¿Cómo podría el Señor estar llamándote a ser más como María Magdalena?

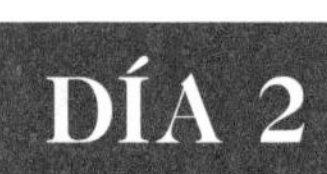

DÍA 2

La pregunta con la que estamos luchando esta semana, *¿Y si ocurre lo peor?*, surge del miedo de que nuestras pesadillas se hagan realidad. Es reconfortante para mí saber que las personas en la Biblia lucharon con los mismos miedos que yo, y que la Escritura habla de esos miedos.

Echemos un vistazo:

Miedo: nosotras o alguien a quien amamos sufrirá un daño físico.

Ejemplos bíblicos: los israelitas tenían miedo de sus enemigos (Números 13:31); Elías tenía miedo de Jezabel (1 Reyes 19:3).

Verdad para combatir el miedo: Dios peleará por nosotras (Éxodo 14:14); el día de nuestra muerte (y la de nuestros seres queridos) lo determina Dios (Salmos 139:16); preocuparnos no alargará nuestras vidas (Mateo 6:27); Dios nunca nos dejará (Mateo 28:20); aun si el sufrimiento nos quita la vida, ganaremos la corona de la vida (Apocalipsis 2:10).

Miedo: fallaremos, sentiremos vergüenza o pareceremos tontas.

Ejemplos bíblicos: Gedeón temía a su familia y luego temió perder una batalla (Jueces 6:27; 7:10); Jeremías se sentía incapaz de hablar bien (Jeremías 1:6).

Verdad para combatir el miedo: Dios nos dará las palabras para hablar (Jeremías 1:7-8;Marcos 13:11); la sabiduría de Dios es más profunda que la del mundo (1 Corintios 1:25, 27); Dios no nos dio un espíritu de cobardía (2 Timoteo 1:7).

Miedo: perderemos respeto o poder, o experimentaremos rechazo.

Ejemplos bíblicos: Saúl tenía miedo de David (1 Samuel 18:12); muchos tenían miedo de comprometerse con Jesús debido a la presión social (Juan 12:42-43).

Verdad para combatir el miedo: dado que Dios es por nosotras, no debemos temer (Salmos 56:8-11; Romanos 8:31), especialmente porque temer a la gente es una trampa (Proverbios 29:25). Es muy probable que suframos rechazo y persecución (Mateo 5: 11-12), pero Dios estará a nuestro lado (2 Timoteo 4:17) y se asegurará de que nada nos separe de Su amor (Romanos 8:35-39).

Miedo: no conseguiremos lo que siempre hemos anhelado.

Ejemplo bíblico: Raquel sentía que necesitaba hijos o que, de lo contrario, la vida no valdría la pena (Génesi 30:1).

Verdad para combatir el miedo: Dios suplirá la gracia para todo a lo que nos ha llamado (2 Corintios 9:8). Dios proveerá para todas nuestras necesidades (Filipenses 4:13), dándonos todo lo necesario para la vida y la piedad (2 Pedro 1:3).

Miedo: nuestras pesadillas se harán realidad.

Ejemplo bíblico: sucedió todo lo que Job temía (Job 3:25).

Verdad para combatir el miedo: la mayoría de nuestras pesadillas no se harán realidad, por lo que es posible que estemos viviendo con un miedo innecesario al futuro (Mateo 6.25-34). Pero, incluso si sucede lo peor, podemos confiar en que Dios estará con nosotras (Salmos 23:4).

¿Con cuál de los miedos de esta lista te identificas? Explica tu respuesta. ¿Con qué otros miedos luchas?

Busca los pasajes que corresponden a los miedos con los que te identificas de la sección anterior. ¿Encontraste algo particularmente alentador? ¿Y algo desalentador? Explica tu respuesta.

Muchas veces, nuestros miedos no están relacionados con lo que está directamente frente a nosotras, sino con lo que podría suceder en el futuro. Nos da miedo recibir malas noticias, pero Dios puede liberarnos incluso de ese miedo (Salmos 34:4).

LEE SALMOS 112:7-8a. ¿Por qué dijo el salmista que el justo no teme las malas noticias?

Piensa en lo que te da miedo y considera por un momento cómo sería enfrentarte a esas situaciones sin miedo.

Lee los siguientes pasajes y escribe lo que vas aprendiendo sobre cómo enfrentar situaciones difíciles sin miedo.

- Deuteronomio 1:29-31
- 2 Crónicas 20:12
- Jeremías 17:7-8

La Palabra nos dice que, sin importar lo que enfrentemos, podemos mirar al Señor y poner nuestra confianza en Él.

Lee los siguientes pasajes y nota a quién debes temer y por qué.

- Salmos 25:12, 14

- Salmos 111:10

- Mateo 10:28-31

El miedo al Señor, tener una reverencia santa por Él, nos libera de todos los demás miedos. Después de que los discípulos vieran a Jesús calmar la gran tempestad con Su palabra, se llenaron de un temor santo, asombrados de que el viento y el mar le obedecieran (Marcos 4:41). Vieron que Su poder era más grande que lo que les había asustado. Sin embargo, como los discípulos, aunque sabemos que Jesús puede rescatarnos de cualquier cosa, seguimos teniendo miedo. Salmos 56 ofrece una visión reconfortante para nuestra lucha con el miedo.

LEE SALMOS 56:3-4. ¿Cómo resumirías las verdades que se encuentran en este pasaje? ¿Cómo puedes hallar consuelo en estos versículos?

El miedo comprende un rango de emociones, desde la inquietud y la ansiedad hasta el terror absoluto. Tendemos a pensar que lo opuesto a tener miedo es ser intrépido, no tener miedo, ser audaz y valiente ante el peligro. Pero lo opuesto a tener miedo también puede ser tener serenidad y paz ante la incertidumbre.

¿Qué es lo que más necesitas cuando tienes miedo? ¿Valentía o paz? ¿Quizás ambos? Explica tu respuesta.

Por años tuve un letrero en mi escritorio que decía: «Permite que tu fe sea mayor que tu miedo», que me recordaba confiar en Dios cuando tenía miedo. A veces es más fácil decirlo que hacerlo. En la página siguiente encontrarás algunas formas en las que yo enfrento mis propios miedos y que pueden ayudarte a confiar en Dios cuando tengas miedo.

1. Recuerda la fidelidad de Dios. Recitar las promesas de Dios, recordar Su fidelidad en el pasado y Su carácter nos ayudará a confiar en Él en nuestros miedos. Los israelitas hicieron esto (Salmos 105; 107), también lo hizo Jeremías (Lamentaciones 3:17-24).

2. Sigue a tu miedo y ve a dónde te lleva. Salmos 46 nos muestra que, incluso si el mundo se está desmoronando, no tenemos por qué temer. Podemos estar tranquilas y reconocer la presencia de Dios. En mi caso, saber que con el tiempo podría quedar cuadripléjica me aterra. Pero cuando puedo expresar mi miedo en palabras, pienso en mi amiga Joni Eareckson Tada, que ha sido cuadripléjica durante décadas y aún vive en una alegre dependencia de Jesús.

3. Confía en que Dios te dará la gracia que necesitas cuando la necesites. Dios te dará todo lo que necesitas hoy y mañana (Mateo 6:34). Recuerda que Dios proveerá para todas tus necesidades (Filipenses 4:19).

4. Recuerda que nada llega a tu vida sin haber pasado primero por las amorosas manos de Dios. Y si Dios lo ha permitido, lo utilizará tanto para tu bien como para Su gloria (Romanos 8:28).

5. Recuerda que Dios está contigo. Él nunca te fallará ni te abandonará, luchará por ti. Sin importar lo que enfrentes, no lo atravesarás sola (Deuteronomio 3:22; Hebreos 13:5b-6).

6. Mantén tu mente y tus pensamientos enfocados en el Señor (Isaías 26:3; Romanos 8:6; Filipenses 4:8-9).

7. Ora. Cuéntale tus miedos a Dios, busca al Señor. Hazle saber lo que necesitas y mantén una conversación constante con Él (2 Crónicas 20:3; Filipenses 4:6-7).

Cuál de estas acciones te llama la atención? ¿Por qué? Te animo a buscar los pasajes correspondientes y a meditar en ellos.

Cuando preguntamos «¿Y si ocurre lo peor?», podemos confiar en que Dios, que ya ha estado en el mañana, sabe exactamente lo que necesitaremos. No significa que no vaya a suceder lo peor, porque, honestamente, nuestros peores miedos sí podrían materializarse. Nadie está libre de sufrir tragedias o dolor, pero sin importar lo que pase, Dios estará ahí. Él estará contigo y nunca te dejará.

Hace varios años escribí un artículo titulado «¿Qué pasa si ocurre lo peor?».[2] En él, hablé sobre Sadrac, Mesac y Abed-nego en Daniel 3, quienes estaban a punto de ser arrojados al fuego porque se rehusaban a adorar a los dioses de Nabucodonosor y a la estatua de oro que había levantado. Ellos dijeron: «Si se nos arroja al horno en llamas, el Dios al que servimos puede librarnos del horno (...). Pero incluso si no lo hace, queremos que sepa, Su Majestad, que no serviremos a sus dioses (...)» (vv. 17-18, NVI).

Los tres jóvenes enfrentaron el fuego sin miedo, confiando en que Dios estaría con ellos. No preguntaron «¿Y si ocurre lo peor?», sino que estaban satisfechos sabiendo que, incluso si ocurría lo peor, Dios cuidaría de ellos. Reemplazar el «qué pasaría si» con un «aun si» es una de las cosas más liberadoras que podemos hacer. Se trata de cambiar nuestros miedos irracionales de un futuro incierto por la amorosa seguridad de un Dios inmutable. Podemos ver que, aun si ocurre lo peor, Dios nos sostendrá. Él seguirá siendo bueno, nunca nos dejará, proveerá para todas nuestras necesidades. La presencia de Dios siempre viene con Su provisión; él se asegurará de que estemos cubiertos.

LEE SALMOS 23. ¿Qué provee el Señor? ¿Por qué David no tenía miedo del mal?

¿Cómo has experimentado antes la promesa de Dios de Su presencia y Su provisión? ¿En qué área de tu vida necesitas confiar en esta promesa actualmente?

Revisa el estudio de hoy. ¿Qué es lo que más te ha impactado? Pídele al Señor que te enseñe a aplicar lo que has aprendido.

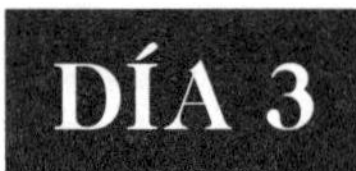

DÍA 3

En el día 1, examinamos partes de Juan 20 para comprender el pasaje en su contexto. Ahora, mientras escuchas la lectura, deja que el Espíritu Santo te hable a través de Su Palabra de otra manera.

Vamos a orar:

Amado Señor, háblame a través de Tu Palabra y muéstrame algo de Ti que necesite ver. Ayúdame a eliminar todas las distracciones y haz que Tu Palabra, que es viva y eficaz, penetre en mi corazón para que pueda encontrarte.

Utiliza una aplicación o sitio web de la Biblia en audio para escuchar Juan 20:1-2, 11-18 leído en voz alta. (Algunas opciones son las aplicaciones de la Biblia YouVersion o Dwell y el sitio web.biblegateway.com).

Mientras escuchas, imagínate en la historia. ¿Qué frases notas? ¿Qué ves? Escribe algo que te hable al escuchar el pasaje.

¿Cómo ha afectado este pasaje la forma en que entiendes el cuidado de Dios en tus pérdidas y tus anhelos?

¿Cómo ha cambiado tu visión de Jesús al estudiar esta historia?

Esto escribí en mi diario el 6 de noviembre de 2009:

> *No me siento amada... Así como Jacob luchó contigo y te pidió una bendición, te pido que me bendigas, Señor. Honestamente, después de la cita en la clínica de polio, siento que sería mejor si muriera... Señor, ¿cuál es tu invitación para mí? No puedo hacerlo todo. Estoy perdiendo todo. No tengo nada y estoy clamando a ti. No puedo ser fuerte. No puedo luchar contigo. Ya no puedo más. Por favor, cambia algo, detén este dolor. Ayúdame a escucharte en nuestro grupo hoy.*

Estaba en uno de los puntos más bajos de mi vida. Cuando me encontré con mis amigas, me puse a llorar a mares. Mi esposo me había abandonado y se había mudado con otra mujer. Mis dos hijas estaban enojadas, extrañaban a su padre, y cada una intentaba procesar lo que había sucedido. Una no me contaba lo que estaba haciendo y se la pasaba afuera de casa con sus amigos. La otra estaba molesta y retraída, y se desquitaba conmigo cada vez que salía de su habitación. Además de esto, el aire acondicionado de la casa no funcionaba, el inodoro estaba goteando y tenía que mandar a arreglar el auto. Mi cuerpo se estaba debilitando y me había caído varias veces. Me preguntaba cuánto tiempo más podría seguir usando mis brazos débiles para preparar comidas y llevar a mis hijas a donde tenían que ir. Más que nada, tenía miedo del futuro. ¿Qué les pasaría a mis hijas? ¿Y a mí?

Mis amigas se sentaron conmigo en silencio porque nadie sabía exactamente qué decir. Aprecié el silencio porque no podía manejar respuestas o soluciones superficiales. Finalmente, una de ellas habló. Dijo:

> *«Cuando pienso en ti y oro por ti, se me viene a la mente esta imagen de los discípulos y la madre de Jesús, María, llorando al pie de la cruz. Todos juntos, tratando de consolarse mutuamente. Intentando entender lo que había sucedido; pero que, simplemente, no tenía sentido.*
>
> *El cielo se oscureció y la esperanza parecía perdida. Sus sueños habían muerto. Parecía que nada bueno podría salir de aquello. Para ellos, ese día, el Viernes Santo, fue el día más oscuro que jamás hubieran experimentado.*

Pero lo que no sabían era que... se acercaba la Pascua de Resurrección».

Apenas podía comprender el sentido de esas palabras; pero cuando al fin entendí su verdad, comencé a llorar de nuevo, ahora no con lágrimas de desesperación, sino con lágrimas de esperanza. Se acercaba la Pascua, y las mujeres al pie de la cruz no tenían idea de lo que iba a suceder. En ese momento solo podían ver su propio dolor, y eso también era lo único que yo podía ver.

Y mientras asimilaba las palabras de mi amiga, me di cuenta de que mi historia aún no había terminado, Dios no había terminado. Había tanto que no podía ver. Sus palabras me dieron esperanza de que Dios ya estaba sembrando las semillas de bien para mí. Él no me había olvidado. Tal vez la Pascua estaba a la vuelta de la esquina, el momento en que todo cambiaría. O quizás no experimentaría el cambio hasta que entrara al cielo. Pero, sin importar cuándo ocurriera, me di cuenta de que mi sufrimiento no duraría para siempre.

Tres días después, el 9 de noviembre de 2009, escribí en mi diario:

> *Tengo una extraña sensación de paz que proviene de ti en medio de lo que parece ser una completa oscuridad. Me intriga la palabra «esperanza». ¿Qué significa realmente tener esperanza? Muéstrame, Señor... No puedo explicar la alegría y la ligereza de espíritu que me has dado. Solo tú podrías hacerlo.*

Nada en mis circunstancias había cambiado en esos tres días, pero yo sí. Había una esperanza en mi interior.

Haz una lista de tus miedos actuales. ¿Qué situaciones te mantienen despierta por la noche? ¿En qué áreas de tu vida tienes miedo de que ocurra lo peor?

Escribe dos posibles resultados para uno de los miedos de tu lista.

A. **Escribe el mejor final posible que puedas imaginar donde todo resulta como quieres.**

B. **Escribe el peor final posible donde todos tus miedos se hacen realidad.**

Todas estamos atravesando nuestras historias sin poder ver lo que está por venir. En la cruz, parecía como si lo peor hubiera sucedido ese Viernes Santo, pero resultó ser lo mejor que pudo pasar. No conocemos el tiempo de Dios para nuestras vidas; quizás veamos un buen final a nuestras historias dolorosas aquí en la tierra o tal vez tengamos que esperar a ir al cielo para obtener nuestro final feliz.

Teniendo en cuenta el resultado A, ¿por qué necesitas orar? ¿Estás dispuesta a orar por cosas que no crees que Dios pueda hacer? ¿En qué áreas necesitas creer que Dios puede hacer lo imposible? Como dice Lucas 1:37: «Porque nada hay imposible para Dios».

Teniendo en cuenta el resultado B, ¿dónde está Jesús en ese escenario? ¿Te ayuda saber que Él está contigo cuando piensas en el futuro? ¿Es posible hallar esperanza y alegría incluso en este final? Explica tu respuesta.

A menudo, las luchas que tenemos hoy son menos debilitantes que nuestro miedo al mañana. Dios nos dará gracia en el momento adecuado para manejar todo lo que Él nos traiga, pero no podemos tomar la gracia del mañana hoy. Debemos confiar en que estará allí.

¿Cómo te ha impactado el estudio de hoy? ¿Calmó tus miedos o los incrementó? Explica tu respuesta. Si aún te sientes inquieta, intenta identificar por qué y pídele a Dios que esté contigo en medio de tu miedo.

DÍA 4

Los miedos de mis hijas son diferentes a los míos. Este es un extracto de una carta de Navidad sobre los miedos de Kristi cuando era adolescente:

> *La vida con Kristi es una aventura. Hace unas semanas, entró corriendo a mi habitación a las 3 a. m., encendió todas las luces y gritaba a todo pulmón que había un intruso en la casa. Me senté de golpe y justo antes de llamar al 911, le pregunté dónde estaba el intruso. Ella no lo sabía; solo sabía que alguien había dejado la tapa del inodoro levantada. De pronto recordó que un vecino había usado nuestro baño ese día.*

Si bien puedo bromear con Kristi sobre sus miedos, los míos se sienten demasiado reales. Son miedos basados en mis malas experiencias y heridas pasadas; eventos que otras personas no pueden entender totalmente.

El Señor comprende nuestra tendencia a sentirnos ansiosas y angustiadas. Como dijo el salmista: «Porque Él conoce nuestra condición; se acuerda de que somos polvo» (Salmos 103:14). Tener miedo es parte de ser humano. De hecho, el mandato más frecuente en la Biblia es «no temas» o «no tengas miedo». La mayoría de las traducciones de la Biblia mencionan ese mandamiento más de cien veces. Pero no es un mandamiento para criticar y condenar, sino más bien para dar ánimo. Dios nos llama a encontrar consuelo en su presencia en medio de nuestro miedo.

Cuando tengo miedo, quiero saber que no estoy sola y que alguien me va a ayudar. Así que estoy agradecida de que una de las promesas más repetidas en la Biblia sea que Dios está con nosotras. Suele estar escrita como «yo estaré contigo» o «yo estoy contigo». Pero, aunque intelectualmente sepamos que Dios siempre está con nosotras y que no hay lugar al que podamos huir de su presencia, creer en esa promesa y experimentar su presencia y consuelo son dos cosas diferentes. ¿Cómo podemos pasar de un conocimiento teórico de que Dios está con nosotras a una verdadera seguridad de que lo está?. En cierto sentido, podría ser tan fácil como pedirle que te ayude a estar consciente de Su presencia, y luego prestar atención a cómo te responde. Podemos empezar a sentir la cercanía de Dios cuando lo llamamos y buscamos Su rostro, pidiéndole señales de Su amorosa presencia mientras seguimos con nuestras vidas. Quizás lo experimentes al recibir sabiduría en un momento inesperado luego de pedirla, al sentir una paz inexplicable después de orar o al hallar consuelo y esperanza luego de leer la Palabra.

Si combinamos el mandamiento más frecuente con la promesa más repetida, obtendremos la razón para no temer. Sin importar lo que pase, Jesús estará con nosotras. Él es nuestra paz. Así como mi hija Kristi corrió a mi habitación en medio de la noche, necesitamos correr hacia Dios cuando tenemos miedo. No conocemos el futuro, pero el Señor sí. Él ya ha estado allí. Y nos ha dado todo lo que necesitamos para enfrentar lo que sea que vaya a suceder.

Dios promete estar con nosotras, pero debido a que las cosas de este mundo son visibles y más tangibles que Dios, es fácil confiar y valorarlas más que a Su presencia. A lo largo del Antiguo Testamento, los hijos de Israel buscaban los regalos de Dios aunque Moisés continuaba recordándoles que adoraran y valoraran solo a Dios.

LEE ÉXODO 33:1-3. ¿Qué le prometió Dios a los israelitas a través de Moisés? ¿Qué era lo único que el Señor no les ofreció?

¿Querrías tener protección constante, dirección clara, victoria sobre tus enemigos y provisión abundante para tus necesidades, pero sin la presencia de Dios? Sé honesta y explica tu respuesta.

LEE ÉXODO 33:12-17. ¿Cómo intercedió Moisés por el pueblo? ¿Cuáles son las dos cosas que Dios le prometió a Moisés en su respuesta? (v. 14).

Tenemos la certeza de que en Cristo, tendremos ambas cosas (Mateo 11:28-30; Hebreos 13:5-6). ¿Cómo te da paz esto?

Moisés quería la presencia de Dios más que sus bendiciones (v. 15). ¿Es igual para ti? Si no, pídele a Dios que te ayude a desear Su presencia más que sus regalos.

Con Jesús siempre estaremos seguras, pero eso no significa que lo peor no pueda suceder. De hecho, algunas de mis pesadillas se hicieron realidad: mi hijo murió, mi esposo abandonó a nuestra familia, mi cuerpo está fallando. Sin embargo, Dios siempre ha provisto para mí. Y Él hará lo mismo por ti. Dios no solo ha sido bueno conmigo, ha sido mejor de lo que imaginaba. Cuando estamos convencidas de que Dios es más grande que cualquier cosa que vayamos a enfrentar y que siempre estará con nosotras, podemos aferrarnos a una paz duradera. Si eso te parece imposible ahora, apóyate en Dios y permite que te sostenga. Pídele que aumente tu fe (Lucas 17:5) y que te ayude a sentir su presencia. Al hacerlo, hallarás una paz sobrenatural, como la que Jesús les prometió a sus discípulos la noche antes de ser crucificado.

LEE JUAN 16:33. ¿Dónde nos dice Jesús que hallaremos la paz?

¿Qué tendremos en el mundo?

¿Por qué dijo Jesús que debemos tener valor o ser valientes?

¿Te alientan estas palabras? Explica tu respuesta.

Uno de los pasajes a los que recurro cuando tengo miedo es Isaías 41:10. Escríbelo a continuación.

¿Cuáles son las dos cosas que Dios nos dice que no hagamos? ¿En qué cinco promesas se basan esos mandatos?

Hace años, le dije a una amiga que estaba aterrada de lo que podría suceder en el futuro. Ella me pidió que describiera cada miedo al detalle y, para cada uno, me preguntó: «Entonces, ¿dónde está Jesús en ese miedo?». Primero, le respondí sin ser específica, pero ella insistió en que imaginara a Jesús conmigo a través de todo lo que podría salir mal. Necesitaba mantener mis ojos en Él. Cada vez que hablábamos, ella me hacía las mismas preguntas y, pronto, instintivamente empecé a buscar a Jesús cada vez que sentía miedo. Hizo que el futuro se sintiera menos aterrador.

Sus palabras me recordaron un versículo que vimos anteriormente, 2 Crónicas 20:12b: «Porque en nosotros no hay fuerza contra tan grande multitud que viene contra nosotros; no sabemos qué hacer, y a ti volvemos nuestros ojos».

LEE MATEO 14:22-32.

Después de alimentar a cinco mil personas, Jesús les dijo a sus discípulos que subieran a una barca y fueran al otro lado del mar mientras Él se quedaba a orar solo. Más tarde, una violenta tormenta arremetió contra la barca. En medio de la tormenta, los discípulos vieron a Jesús caminando sobre el agua hacia ellos y quedaron aterrados; pero Jesús los tranquilizó diciendo: «¡Tened ánimo; yo soy, no temáis!» (v. 27). Pedro contestó a las palabras de Jesús con el desafío: «Señor, si eres tú, manda que yo vaya a ti sobre las aguas» (v. 28).

¿Qué le pasó a Pedro y por qué? (vv. 29-30).

Así como Pedro, cuando miro directamente a Jesús, no me siento abrumada por lo que sucede a mi alrededor. Pero cuando aparto mis ojos de Él y me concentro en la tormenta en la que estoy, cedo al miedo y me hundo.

¿Cuáles son las olas y el viento en tu vida hoy? ¿Cómo puedes mantener tus ojos en Jesús?

¿Qué hizo Pedro cuando empezó a hundirse?

Pedro inmediatamente clamó a Jesús en su miedo. Después de sacarlo del agua, Jesús cuestionó a Pedro sobre su fe. Fíjate que Jesús no dijo que Pedro no tenía fe; le reclamó que tenía poca fe, una fe inconsistente, inmadura, vacilante. Pero era una fe que iría creciendo a medida que se pusiera a prueba.[3] Nuestra fe es muy similar, crece mientras caminamos con Cristo. Es posible que la ferocidad de las tormentas no disminuya, pero nuestra creciente confianza en el Salvador nos ayudará a enfrentarlas con menos temor.

¿Alguna vez has experimentado paz en una tormenta? Explica tu respuesta.

El relato en Mateo 14 les reveló a los discípulos que Jesús es Dios. También nos muestra que Su presencia trae paz. Tiendo a pensar en la paz como el momento después de que la tormenta pasa, cuando mis luchas desaparecen, y todo está tranquilo. Sin embargo, a menudo el viento y las olas no se hacen más pequeños, sino que continúan creciendo. La paz de Jesús no es solo encontrar descanso después de la tormenta, sino en medio de ella.

Vamos a orar:

Amado Señor, tú nos prometes paz, que se basa en quién Tú eres y no en nuestras circunstancias. Ayúdame a poner mi confianza en Ti cuando tenga miedo. Recuérdame que siempre estás conmigo y ayúdame a mantener mis ojos en Ti. Te pido que me des una sensación de paz duradera y sobrenatural esta semana.

Oraré 2 Tesalonicenses 3:16 por ustedes: «Y el mismo Señor de paz os dé siempre paz en toda manera. El Señor sea con todos vosotros».

DÍA 5

Empezamos esta semana haciéndonos la gran pregunta: *¿Y si ocurre lo peor?* ¿Ha ayudado el estudio de esta semana a responder esa pregunta? Explica tu respuesta.

¿Cómo has experimentado el amor y la fidelidad de Dios hacia ti esta semana? ¿Dónde has sentido Su presencia? Presta atención a las señales de Su amor y Su presencia a través de situaciones específicas, como recibir la respuesta a una oración, experimentar una paz inesperada o sentir consuelo después de leer la Biblia.

¿Cómo está obrando Dios en ti? ¿Y en tu sufrimiento?

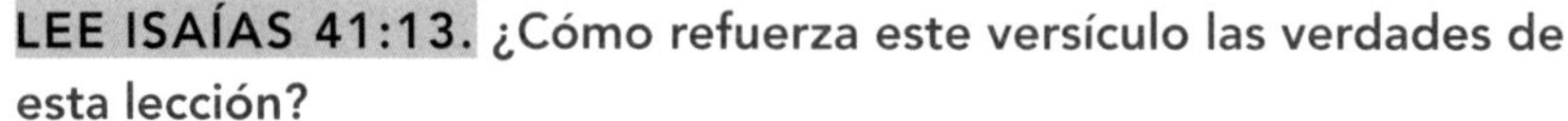

LEE ISAÍAS 41:13. ¿Cómo refuerza este versículo las verdades de esta lección?

¿Sientes que Jesús está contigo en la situación en que te encuentras en este momento? Explica tu respuesta.

¿A qué miedos sobre el futuro te estás aferrando?

Tim Keller dice: «La paz de Dios no es la ausencia del miedo. De hecho, es Su presencia».[4] ¿Cómo se relaciona esa declaración con esta lección?

Lee las siguientes declaraciones sobre la paz. Elige una frase, busca el versículo, escríbelo en una nota autoadhesiva o una tarjeta y colócala en un lugar donde puedas verla para ayudarte a aferrarte a la paz de Dios.

Cuando me enfoco en el Señor, Él me da la paz perfecta.
LEE ISAÍAS 26:3.

Aun cuando el mundo se está desmoronando, el amor y la paz de Dios me rodean.
LEE ISAÍAS 54:10.

Dios me da una paz sobrenatural que no puedo encontrar en ningún otro lugar, solo en Él.
LEE JUAN 14:27.

La paz de Dios, que sobrepasa todo entendimiento, me ayuda a confiar en Jesús y a no estar ansiosa.
LEE FILIPENSES 4:7.

Dios puede darme paz en toda situación.
LEE 2 TESALONICENSES 3:16.

Reflexión final

Tenemos una unión eterna con Cristo cuando nos acercamos a Él con fe y lo recibimos como nuestro Señor y Salvador. Tenemos la certeza de que Él siempre estará con nosotras. Pero tal vez no somos constantes en mantener una comunicación diaria con Él, ser conscientes de Su presencia y tener comunión con Él. Los miedos, las distracciones y el pecado pueden interrumpir nuestra comunión con Él. Pero hallamos la comunión más rica cuando nos apoyamos en Él con dependencia, cuando buscamos Su perdón, cuando confiamos en que Él proveerá, cuando buscamos intencionalmente Su rostro y prestamos atención a Sus obras en nuestra vida. Cuando hacemos esto, nuestros ojos son abiertos para ver cómo Dios suple nuestras necesidades. Salmos 77:19 es un recordatorio para los israelitas, y para nosotras, de que a veces es difícil ver lo que Dios está haciendo: «En el mar fue tu camino, y tus sendas en las muchas aguas; y tus pisadas no fueron conocidas». Pídele al Señor que te muestre cómo está proveyendo para ti.

Medita en cómo estás intentando vivir de manera independiente de Dios cuando anhelas tener certeza, en lugar de descansar en Su presencia y Su provisión. ¿Crees que solo Dios basta? Escribe tus pensamientos sobre lo que el Señor te haya mostrado.

SESIÓN 4: GUÍA DEL VIDEO

¿Y SI OCURRE LO PEOR?

Mira el video de la sesión 4 y toma notas a continuación.

PREGUNTAS PARA REFLEXIONAR EN GRUPO

¿Qué parte de la enseñanza del video fue más significativa para ti? ¿Por qué?

¿Qué cosas te mantienen despierta por la noche? ¿Tus peores miedos? ¿Qué sucede si te enfocas constantemente en esas cosas?

Vaneetha citó a Paul Tripp: «Nunca sufrimos solo lo que estamos sufriendo. También sufrimos la manera en que lo estamos sufriendo».[5] ¿Qué significa esto y de qué manera se aplica a tu vida?

¿Cómo puedes saber que Dios será fiel incluso si sucede lo peor?

¿De qué manera has visto a Dios proveer exactamente lo que necesitas cuando lo necesitas?

¿Cómo ha sido afectada tu visión del sufrimiento por lo que has aprendido hoy?

¿Qué parte de lo aprendido en esta semana de estudio te ha equipado mejor para ayudar a otras personas que están sufriendo?

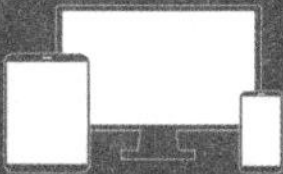

Para acceder a los videos de las sesiones de enseñanza, sigue las instrucciones de la parte posterior de este estudio bíblico.

SESIÓN 5

Pregunta

¿POR QUÉ DIOS PERMITE QUE SUFRA?

DÍA 1

Cuando tenía quince, constantemente me preguntaba si la gente se preocupaba por mí. Recuerdo un sábado en particular, tenía muchas ganas de hablar con alguien. Sin embargo, mis padres limpiaban frenéticamente la casa, mi hermana estaba ocupada y todos mis amigos tenían planes. Sentía que todos me dejaban a un lado. Cuando mi papá me pidió que hiciera algo con él, acepté a regañadientes. «A nadie le importa lo que yo quiero», pensé. Pero cuando llegué a casa y abrí la puerta principal, una multitud apareció y gritó: «¡Sorpresa!». ¡Era una fiesta por mi cumpleaños dieciséis!. De repente, todo tenía sentido. Mientras pensaba que todos me estaban ignorando, en realidad habían estado planeando algo maravilloso para mí.

No podía ver más allá de lo que estaba sucediendo en el momento. De manera similar, sabemos que Dios tiene grandes planes para nosotras y que todo lo que hace tiene un propósito, pero es posible que no veamos nada bueno mientras luchamos para atravesar nuestro dolor y nuestras pérdidas. Sin embargo, en medio de nuestra aflicción, Dios nos da la fuerza para no rendirnos. Sabemos que él está trabajando para nuestra alegría eterna y para su gloria, y que un día veremos cómo todas las piezas se ubican en su lugar. Esta es la segunda ancla de las tres «P» que me ha sostenido en mi sufrimiento, saber que mi dolor tiene un PROPÓSITO.

La semana pasada observamos a dos de las mujeres en la cruz: María, la madre de Jesús, y María Magdalena. Aprendimos que mantener nuestros ojos en Jesús, sabiendo que Él está con nosotras, es la mejor manera de encontrar paz en la incertidumbre y el dolor. Esta semana, mediante el estudio de la historia de Noemí, en el libro de Rut, veremos que Dios tiene un propósito en nuestro sufrimiento. Incluso después de sufrir devastadoras pérdidas y hasta creer que Dios estaba en su contra, con todo, no se alejó de Él. Sin dejar de hacer lo que tenía por delante, su sufrimiento lo llevó a una redención mayor de lo que ella podría haber imaginado.

Antes de adentrarnos en los detalles, hay que tener una visión general de la historia.

LEE RUT 1. Anota tus observaciones iniciales. ¿Dónde ves indicios del favor de Dios hacia Noemí? ¿Te identificas con algún aspecto?

Ahora, demos un vistazo más de cerca.

VUELVE A LEER RUT 1:1-5. ¿Cuándo ocurrió esta historia?

LEE JUECES 2:17-19 Y 21:25. ¿Qué caracterizó las condiciones de Israel durante ese tiempo?

Escribe una lista de los sufrimientos que experimentó esta familia.

Cada tragedia que Noemí sufría representa una pérdida más. Considera y anota las diversas dificultades que Noemí probablemente experimentó con cada pérdida. He escrito la primera como ejemplo.

HAMBRUNA. DECISIÓN DE DEJAR BELÉN.	Miedo a morir de hambre. Dejar a la familia y amigos por ir a Moab. Miedo a lo desconocido. Preguntarse si esta era la decisión correcta.
VIVIR EN UN PAÍS EXTRANJERO CON UN IDIOMA Y RELIGIÓN DIFERENTES.	

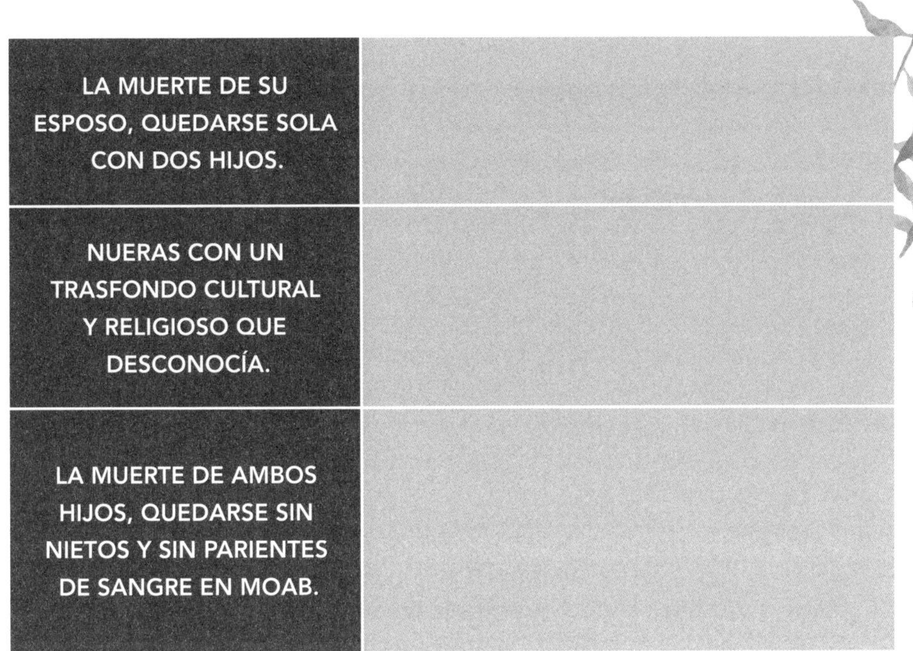

LA MUERTE DE SU ESPOSO, QUEDARSE SOLA CON DOS HIJOS.	
NUERAS CON UN TRASFONDO CULTURAL Y RELIGIOSO QUE DESCONOCÍA.	
LA MUERTE DE AMBOS HIJOS, QUEDARSE SIN NIETOS Y SIN PARIENTES DE SANGRE EN MOAB.	

¿Puedes identificarte con alguna de las experiencias de Noemí o con las emociones que pudo haber sentido? Explica tu respuesta.

A continuación, les brindo un resumen de la historia de Moab. El sobrino de Abraham, Lot, tuvo dos hijas cuyos prometidos murieron. Desesperada por preservar la línea de sangre de Lot, la hija mayor emborrachó a su padre y durmió con él (sin que él lo supiera) porque quería un hijo. ¡Sin duda, esta es la historia de una familia disfuncional con clasificación para adultos! Su hijo fue el padre de la nación moabita, la cual estaba en constante conflicto con Israel. El rey moabita contrató a Balaam para maldecir a Israel, y como resultado, Dios prohibió a los moabitas entrar a la congregación de Jehová, incluso hasta la décima generación (Deuteronomio 23:3-5).

Noemí conocía al Señor y lo llamaba Yahweh (escrito en tu Biblia como «Jehová»), que es el nombre que Israel da a Dios en el pacto. Probablemente ella conocía las advertencias sobre Moab en la Escritura. Entonces, quizás Noemí se preguntaba si estas tragedias eran su culpa por mudarse a Moab y permitir que sus hijos se casaran con mujeres moabitas. La Biblia no nos da una razón para las tragedias de Noemí, pero nos dice que Dios redimió las circunstancias de Noemí, haciéndola parte de la línea de sangre de Cristo.

¿Cómo te anima eso?

La Biblia es clara en que el sufrimiento a menudo no está relacionado con el pecado. A veces, los justos también sufren, como vemos en la vida de Job. Salmos 103:10 dice: «No ha hecho con nosotros conforme a nuestras iniquidades, ni nos ha pagado conforme a nuestros pecados».

¿Alguna vez has sentido que tu sufrimiento era castigo de Dios? ¿Si es así, cuáles fueron las circunstancias? ¿Cómo responden los siguientes versículos a esa idea?

- Isaías 53:4-5

- Romanos 8:1

- Romanos 8:32

- 2 Corintios 5:21

Aunque la muerte y el sufrimiento son resultado de la caída (Romanos 5:12), el sufrimiento nunca es una condena o castigo de Dios para el cristiano. Cristo llevó la pena de nuestro pecado en la cruz. Dios está a favor nuestro.

Sin embargo, que Dios esté de nuestra parte no significa que nuestro sufrimiento nunca esté relacionado con nuestras acciones. A veces experimentamos las consecuencias lógicas de nuestro pecado: si robamos, podríamos ir a la cárcel.

Además, Dios puede usar nuestro sufrimiento para disciplinarnos y enseñarnos, pero siempre es para nuestro bien. Para entender mejor la disciplina divina, lee Hebreos 12:5-11. Para quienes no conocen a Jesús, el sufrimiento siempre es una invitación para acercarse a Él.

LEE RUT 1:6-14. ¿Qué decidió hacer Noemí y por qué? ¿Cómo demostraron su valentía y resistencia la decisión que tomó y sus palabras hacia Orfa y Rut?

¿Qué le pidió Noemí al Señor o qué dijo sobre él en los versículos 6, 8, 9, 13?

LEE RUT 1:15-18. ¿Qué le dijo Noemí a Rut que hiciera?

¿Cómo respondió Rut a Noemí? ¿Qué nombre usó Rut para Dios en el versículo 17? ¿Qué te muestra eso sobre Noemí? ¿Y sobre Rut?

La primera mención en el libro de Rut de otros dioses además de Jehová está en los versículos 15 al 18. El dios de los moabitas era Quemos, quien aprobaba el sacrificio humano (2 Reyes 3:26-27). Quizás Rut se sintió atraída por Dios debido a la relación de Noemí con Él. Noemí parecía ver la mano de Dios en todo y confiaba en Él lo suficiente como para quejarse amargamente.

Noemí fue incómodamente honesta acerca de cómo se sentía. ¿Cómo son similares las palabras y la actitud de Noemí a los lamentos que estudiamos la semana pasada?

Es posible que te sorprenda la expresión honesta de Noemí de que Dios estaba en su contra. A pesar de todo lo que había sucedido, ella seguía creyendo en Dios, creía que Él era soberano sobre todo lo que sucedía, y estaba dispuesta a confiar su vida a Él. Noemí, entonces, tomó rumbo a Belén, reconociendo que le había tocado una mala partida, y tal vez creyendo que su camino siempre traería dificultades. Aun así, ella se movía hacia Dios y su pueblo.

¿Qué aspectos de la historia y de la actitud de Noemí puedes aplicar a tu propia vida? Medita en lo que has aprendido hoy y escribe lo que has descubierto.

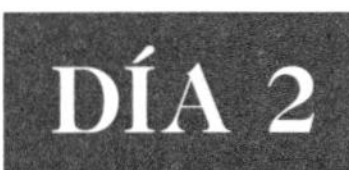

DÍA 2

LEE RUT 1:19-22.

En el mundo antiguo, los nombres a menudo describían el carácter de una persona. El nombre de Noemí significaba placentera; pero cuando regresó a Belén, ella pidió que la llamaran Mara, que significa *amarga*.

¿Por qué Noemí quería cambiar su nombre? ¿Qué nos dice su nombre sobre su carácter?

¿Acaso tus circunstancias han cambiado la forma en que te ves a ti misma y a tu vida? ¿Qué nombre elegirías para describir tu perspectiva en esta temporada de tu vida?

¿Crees que Noemí estaba viendo a Dios correctamente en Rut 1:20-21? ¿Por qué sí o por qué no?

¿Acaso Dios llega a afligir a su pueblo? Utiliza estos pasajes para ayudarte a responder: Job 1:12; Salmos 119:71, 75.

¿Qué verdades es posible que Noemí no estuviera considerando? Utiliza estos pasajes para ayudarte a responder: Salmos 145:17; Isaías 30:18-21; Jeremías 31:3; Lamentaciones 3:32-33.

Vemos que Dios aflige a su pueblo en ocasiones, pero esa aflicción nunca está fuera de Su carácter y propósito. Él utiliza todas las circunstancias de nuestras vidas, incluso las amargas, para nuestro bien, aunque a menudo no podamos verlo en ese momento.

¿Te identificas con las palabras de Noemí en los versículos 20-21? Explica tu respuesta.

LEE RUT 2:1-3.

El capítulo 2 comienza con el narrador preparando el escenario para que Booz entre en la historia. La Biblia nos cuenta que Booz era familiar de Elimelec, el difunto esposo de Noemí, lo cual es clave en el desarrollo de la historia.

¿Qué solicitó Rut y qué demuestra de su carácter?

Rut asumió la responsabilidad de proveer a Noemí, y pidió permiso para recoger espigas. Dios proveía para los extranjeros, los pobres y las viudas a través de la labor de espigar, que es recoger el grano que queda en el campo después de la cosecha. En Levítico 19: 9-10 y Deuteronomio 24:19, Dios ordenó a los israelitas que no cosecharan hasta los bordes de sus campos ni recogieran las sobras de la cosecha para que aquellos con necesidad pudieran recoger ese grano.

Según el narrador, ¿cómo terminó Rut en el campo de Booz? (v. 3). ¿Dónde crees que estaba Dios en esta situación? ¿Leer Proverbios 16:9 te ayuda a entenderlo mejor?

Omitiremos gran parte de la narrativa en este estudio, así que si tienes tiempo, lee el resto de Rut; es una hermosa historia de amor. Rut trabajó duro en el campo y encontró favor con el dueño, Booz, quien era un hombre justo. Ella informó de su bondad a Noemí.

A CONTINUACIÓN, LEE RUT 2:19-20:

Y le dijo su suegra: ¿Dónde has espigado hoy? ¿y dónde has trabajado? Bendito sea el que te ha reconocido. Y contó ella a su suegra con quién había trabajado, y dijo: El nombre del varón con quien hoy he trabajado es Booz. Y dijo Noemí a su nuera: Sea él bendito de Jehová, pues que no ha rehusado a los vivos la benevolencia que tuvo para con los que han muerto. Después le dijo Noemí: Nuestro pariente es aquel varón, y uno de los que pueden redimirnos.

Contrasta las palabras de Noemí sobre Dios aquí con las de Rut 1:13, 20-21. ¿Qué notas?

Cuando Rut le contó a Noemí sobre Booz, Noemí recordó que Booz era un pariente cercano. A juzgar por sus palabras en Rut 1:11-13, Noemí aparentemente había olvidado esa conexión. Es fácil asumir, como lo hizo Noemí, que nuestra situación no tiene solución, y no ver cómo Dios puede estar proveyendo para nosotras.

Piensa en las luchas y dificultades a las que te enfrentas actualmente. ¿Puedes ver alguna señal de la bondad de Dios? Si no es así, pídele al Señor que revele incluso un destello de luz ahora o en los próximos días.

Después de que Noemí se enteró del favor de Booz hacia Rut, ideó un plan para que Booz redimiera a Rut. La ley permitía que los parientes cercanos se casaran con viudas sin hijos para perpetuar su nombre y la herencia familiar, lo cual Booz terminó haciendo.

LEE RUT 4:13-17. ¿Cómo había cambiado el presente y el futuro de Noemí? ¿Quién estaba detrás de eso?

¿Cómo celebraron las mujeres de la ciudad el cambio en la vida de Noemí de lo que ella había dicho sobre sí misma en Rut 1:21? ¿Cómo te ayuda a comprender mejor esta historia lo que leemos en Mateo 1:5, que es parte de la genealogía de Cristo?

Detrás de las tragedias de Noemí, Dios tenía un propósito mayor de lo que ella podría haber imaginado. Su nieto estuvo en la línea genealógica de Cristo. Noemí fue parte de la historia de redención más grande.

Nuestras historias están incluidas en la gran historia que Dios está escribiendo, la cual trata sobre Su gloria y Su bondad hacia nosotras. Como Noemí, siempre llevaremos nuestras pérdidas pasadas con nosotras, pero podemos confiar en que Dios tiene un propósito en todo. Vemos nuestro presente y lo que nos rodea, pero Dios conoce nuestro mañana. Y Él nos está preparando para nuestro futuro a través de lo que sucede hoy.

Después de las tragedias del principio de la historia, vemos señales de la bondad y la redención de Dios hacia Noemí, incluso después de que Noemí sintiera que el Señor estaba en su contra.

Piensa en los pasajes que has leído durante los últimos dos días y enumera los destellos de la bondad de Dios hacia Noemí que hayas notado.

Después de terminar tu lista, lee lo siguiente y encierra en un círculo lo que no habías notado.

Dios terminó la hambruna, visitó a Su pueblo y les dio comida (Rut 1:6).

Dios proporcionó una nuera, Rut, quien eligió seguir a Dios y se comprometió a quedarse con su suegra (1:16).

Dios las llevó de vuelta a Belén al comienzo de la siega de la cebada (1:22).

Dios proporcionó un medio para que las viudas y los extranjeros recogieran comida en el tiempo de cosecha (Levítico 19:9-10).

Dios llevó a Rut al campo de Booz (2:3), y Dios se aseguró de que Booz notara Su fidelidad (2:11-12).

Dios proveyó para Rut con Booz, un hombre mayor, generoso y digno del clan de Elimelec, para ser quien redimiera a sus parientes (2:1, 10, 14-17, 20).

Dios permitió que Rut concibiera aunque no había tenido un hijo con Mahlón (4:10, 13).

Dios no dejó a Noemí, ni nos deja a nosotras, sin un Redentor (4:15).

¿Qué has aprendido de la experiencia de Noemí que puedes aplicar a tu propia vida?

Noemí nunca se apartó de Dios en su sufrimiento, incluso cuando sentía que Él estaba en su contra. Ella siguió perseverando, avanzando, reconociendo la mano de Dios en su vida y estando abierta a Él. El Señor la cambió a través de ese proceso.

LEE ROMANOS 5:3-5. ¿Dónde ves evidencia de esas características en Noemí? ¿Dónde las ves en tu vida?

¿Qué has aprendido sobre Dios y Sus propósitos a través del estudio de hoy? ¿Cómo responde lo que has aprendido a la pregunta: «¿Por qué Dios permite que sufra?»? ¿En qué aspectos de Dios presentes en la historia de Noemí necesitas apoyarte en tu situación actual?

La historia de resistencia y redención de Noemí puede ayudarte a ver que incluso cuando Dios parece estar lejos, cuando piensas que se ha vuelto en tu contra y no ves nada bueno por delante, Él está trabajando para un bien más grande de lo que puedes imaginar. Él es soberano sobre todo lo que sucede, trabaja a través de tus pecados y errores y a través de las providencias amargas para traerte un gozo y una gloria. Tu sufrimiento tiene un propósito. Quizás en esta vida veas un adelanto de lo que Él está haciendo, como le ocurrió a Noemí, pero todo será más claro en el cielo.

DÍA 3

Hemos examinado detenidamente Rut 1 para comprender el pasaje en su contexto. Ahora escucha su versión en audio y deja que el Espíritu Santo te hable a través de Su Palabra de una manera diferente.

Vamos a orar:

> *Amado Señor, háblame a través de tu Palabra y muéstrame algo de Ti que necesite ver. Ayúdame a eliminar todas las distracciones y haz que Tu Palabra, que es viva y eficaz, penetre en mi corazón para que pueda encontrarte.*

Utiliza una aplicación o sitio web de la Biblia en audio para escuchar Rut 1 leído en voz alta. (Algunas opciones son las aplicaciones de la Biblia YouVersion o Dwell y el sitio web biblegateway.com).

Mientras escuchas, imagínate en la historia. ¿Qué frases notas? ¿Qué ves? Escribe cualquier cosa que te hable al escuchar el pasaje.

¿Cómo ha afectado este pasaje la forma como entiendes la pérdida y tus anhelos?

¿Cómo ha cambiado tu visión del Señor al estudiar esta historia?

Contraje un caso leve de polio cuando era un bebé en la India, pero el diagnóstico erróneo del médico me dejó completamente paralizada. Debido a que algunos músculos se regeneraron más tarde de manera inexplicable y a que me realizaron 21 cirugías, finalmente pude vivir una vida normal, aunque con limitaciones significativas. Fui a la universidad fuera de mi estado, viví y trabajé en Boston, me mudé al otro lado del país para estudiar negocios, me casé, trabajé mucho y luego tuve hijos. Como madre joven, estaba obsesionada con todas las cosas creativas como cocinar, hacer álbumes de recortes, pintar y hacer joyería. Me esforcé más allá de mis límites.

Entonces, comenzaron a aumentar el dolor y la debilidad. Después de innumerables citas médicas, finalmente me diagnosticaron con síndrome pospolio, una condición debilitante que probablemente me dejaría cuadripléjica de nuevo. Los médicos insistieron en que dejara de hacer todo lo no esencial de inmediato, diciendo que cuanto más hiciera, más débil me volvería. Compararon mi energía con el dinero en un banco: todo lo que hacía era como retirar dinero. Mi trabajo era conservar mis fuerzas.

Estaba devastada. No podía ver cómo Dios podría usar este diagnóstico horroroso, y me preguntaba cómo podría soportarlo. Tenía tantas preguntas: ¿por qué Dios me haría creativa, me permitiría amar la cocina y la pintura, tener dos hijas jóvenes de las que cuidar y luego me quitaría toda mi fuerza? ¿Por qué Dios haría esto después de que yo había sido fiel?

El 2 de mayo de 2003, varias semanas después de mi diagnóstico, escribí en mi diario:

> *Me siento atrapada dentro de mi cuerpo. Voy de un lado a otro entre la depresión y la esperanza porque Tú lo has ordenado así. Yo nunca habría elegido este camino, me parece injusto y siento pesar por lo que está sucediendo, pero te lo entrego a ti. Úsalo para Tu gloria y ayúdame a verlo como algo hermoso... Te pedí que me ayudaras a eliminar el orgullo en mi vida, esta dependencia continua hará eso. Pero ¿tiene que ser de esta manera?*
>
> *Necesito confiar en que Tú eres suficiente, y quizás me llames a depender de otros. Pero no quiero que otros tengan poder sobre mí. Que puedan decirme «no», y me*

dejen sola y vulnerable. Recuerdo estar en el hospital, sentirme impotente e incapaz de hacer algo por mí misma, esperando a que alguien me llevara una chata para hacer mis necesidades. Nunca hubiera querido vivir mi vida de esa manera otra vez. Lo más difícil de esto es la pérdida de mi autosuficiencia. Pero te veo, Señor, preguntándome: «¿Cuánto quieres de mí?». Han sido diez años difíciles y cada pérdida ha sido muy dura, pero con lo que has quitado, te veo mucho más claramente.

Señor, ayúdame a adorar donde estoy, no donde quiero estar.

Esta cita de «Una pena en observación» se queda conmigo: «Cuanto más creemos que Dios nos hace daño solamente por nuestro bien, menos capaces somos de concebir que implorar compasión no vaya a servir de nada. Un hombre cruel puede ser sobornado (...). Pero imagina que quien te pone en un aprieto es un cirujano cuyas intenciones son buenas sin sombra de mal alguno. Cuanto más acendradas sean su bondad y su esmero, más inexorable se mostrará en manejar el bisturí. Si cediese a nuestras súplicas, si interrumpiese la operación antes de darla por concluida, todo el dolor padecido hasta ese momento no habría servido para nada».[1]

Renuncié a mis aficiones a medida que mi cuerpo se debilitaba. Comencé a escribir usando software de reconocimiento de voz solo para procesar mis pensamientos, pues escribir ya no era una opción. Años después, cuando mi esposo se fue, comencé a escribir un blog, y un importante sitio web cristiano, providencialmente, publicó un artículo que les envié. La entusiasta respuesta de los lectores me sorprendió. Nunca pensé que Dios me daría un ministerio a través de la escritura.

Aunque aún siento aflicción por lo que he perdido y continúo perdiendo, Dios ha utilizado esas pérdidas de formas inesperadas. Escribir se ha convertido en lo que solía ser la pintura, una forma de expresar mi creatividad, con la alegria añadida de saber que mis palabras están ayudando a otros. Ver mi dolor cumplir un propósito mayor me ha ayudado a procesar esa pérdida continua.

El sufrimiento puede desdibujar tu perspectiva, especialmente si lo ves a través del enfoque de la desesperación. Es fácil asumir que tu dolor actual durará para siempre, que Dios está en tu contra o que toda tu vida es un desastre. Esas son mentiras de Satanás que pueden hacerte sentir atrapado, convencido de que la situación no puede cambiar. Para salir de ello, necesitas repensar tu perspectiva.

Tus luchas no son un castigo por tu pasado, sino que pueden ser una preparación para tu futuro. Tu historia está envuelta por la historia de Dios; Él tiene el control soberano de tu vida. Repensar la narrativa de tu sufrimiento para ver el papel de Dios en Él y recordar que tu dolor terminará y que no te define pueden transformar cómo experimentas tu dolor.

> **Para el siguiente ejercicio, elige una situación difícil por la que estés pasando y mírala a través de distintos enfoques. Te daré un ejemplo para ayudar a aclarar esto, después de explicar el ejercicio.[2]**

Al considerar tu situación a través del primer enfoque, el de la desesperación, imagina que es:

- Personal: Es TODO tu culpa; Dios está en tu contra.
- Generalizado: El problema es generalizado y se extiende a toda tu vida.
- Permanente: Nunca terminará.

Al mirar tu situación a través del segundo enfoque, el de la verdad, míralo como:

- Impersonal: No es TOTALMENTE tu culpa, y Dios está contigo.
- Específico: Está limitado a esta situación.
- Temporal: Esto terminará y algún día será redimido.

En términos de culpa y responsabilidad, lleva todo ante el Señor y pídele que te revele lo que necesitas ver, aquello de lo que necesitas arrepentirte o en lo que necesitas ayuda para cambiar.

Lee el siguiente ejemplo antes de comenzar.
Situación: Tienes un adolescente rebelde y destructivo.

ENFOQUE DE LA DESESPERACIÓN

- Personal: Esto es completamente mi culpa. Soy una madre terrible. Dios está en contra mía y me está castigando.
- Generalizado: No soy solo una madre horrible para mis hijos, también soy una mala amiga y esposa. Nada está yendo bien. Dios está quitándome todo para hacerme miserable.
- Permanente: Esto nunca cambiará. Mi hijo terminará en la cárcel, y nunca sucederá nada bueno. Dios no me ayudará a mí ni a mi hijo, el Señor no puede cambiar esto.

ENFOQUE DE LA VERDAD

- Impersonal: Mi hijo es responsable de sí mismo y está tomando sus propias decisiones. Esto no significa que sea una mala madre, aunque le pediré a Dios que me muestre mi responsabilidad. Dios está conmigo y no me está castigando.
- Específico: Esta lucha es específica para este hijo y su situación. Dios da y quita para mi bien y para Su gloria. Puedo encontrar alegría en otros lugares.
- Temporal: Esta rebelión puede ser solo temporal, y mi hijo puede aprender sobre Dios a través de esto. Sin embargo, Dios está utilizando la situación, puede cambiarla instantáneamente, me dará resistencia mientras espero, y algún día la redimirá.

Resume TU situación difícil:

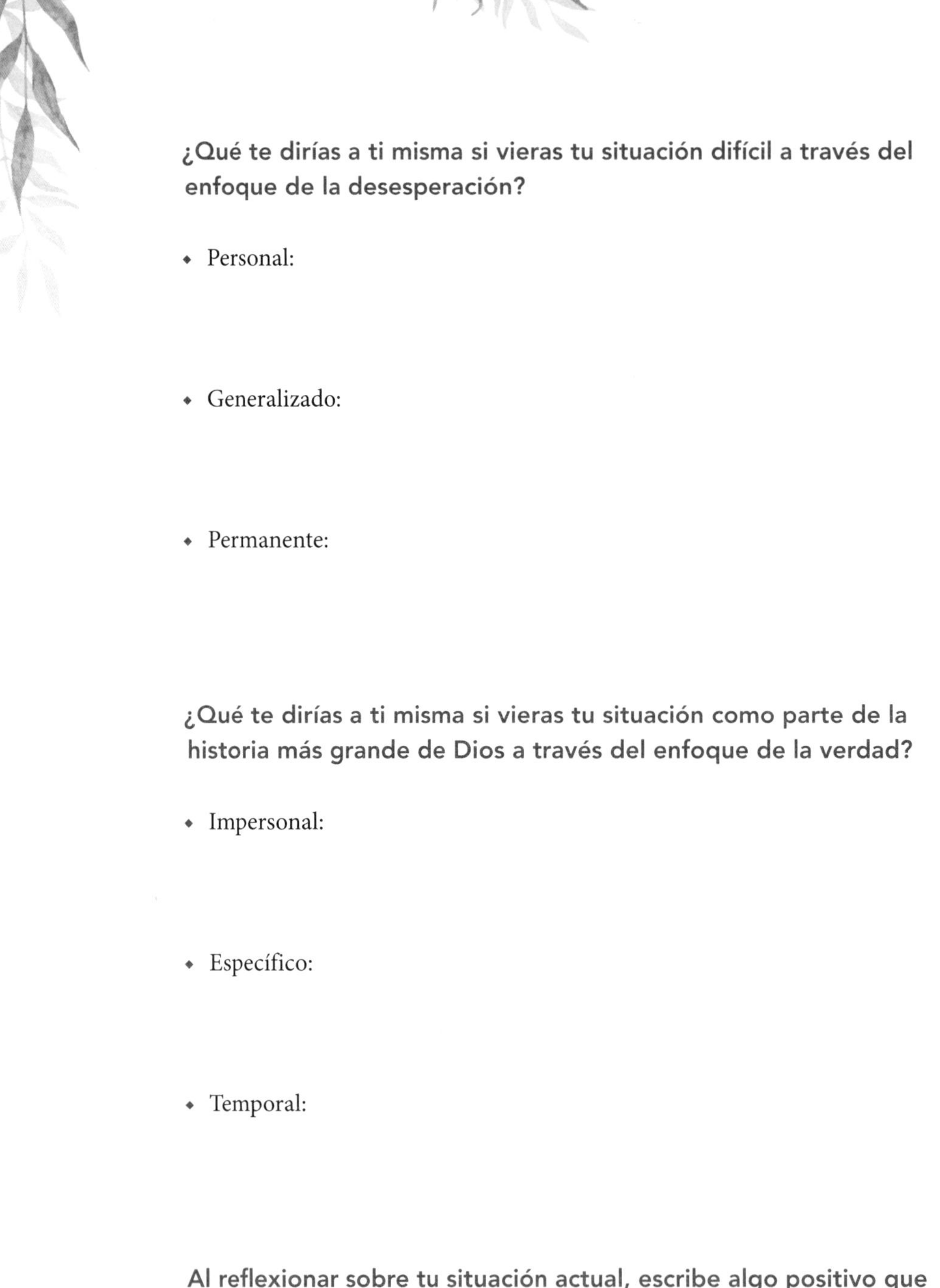

¿Qué te dirías a ti misma si vieras tu situación difícil a través del enfoque de la desesperación?

- Personal:

- Generalizado:

- Permanente:

¿Qué te dirías a ti misma si vieras tu situación como parte de la historia más grande de Dios a través del enfoque de la verdad?

- Impersonal:

- Específico:

- Temporal:

Al reflexionar sobre tu situación actual, escribe algo positivo que haya surgido de esta prueba que podría ser parte del propósito de Dios. Considera cómo tus luchas han impactado en tu relación con Dios, en tu testimonio y en tu carácter.

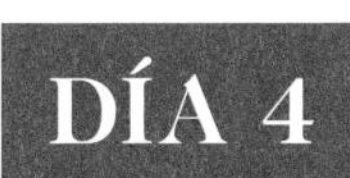

DÍA 4

Las situaciones rara vez salen como yo esperaba o planeaba. Hace años, hicimos un viaje familiar a la India con la esperanza de que fuera un viaje inolvidable y educativo para las chicas. Aquí te comparto una parte de nuestra carta de Navidad del 2007:

> *El viaje fue increíble: el Taj Mahal, un safari en la jungla, el mercado de especias en la Vieja Delhi, un zoológico de animales exóticos, monumentos antiguos, el opulento palacio en Mysore, además de reuniones familiares. Pero resulta que, para las chicas, la parte favorita del viaje no fue el Taj Mahal, el safari, ver a la familia ni el zoológico, sino más bien «los aperitivos en el autobús a Agra», seguido de cerca por «la piscina del hotel».*

Aunque las cosas que he planeado a menudo salen mal, estoy agradecida de que nunca suceda lo mismo con los planes de Dios.

Me entregué a Cristo después de leer sobre cuando Él sanó al hombre ciego en Juan 9. Había estado preguntándole a Dios por qué había contraído polio mientras las vidas de los demás parecían tan fáciles. Me preguntaba qué había hecho para merecer tanto dolor. Los discípulos hicieron preguntas similares, y Dios les respondió a ellos, y a mí, a través del siguiente pasaje:

LEE JUAN 9:1-3. ¿Qué reveló la pregunta de los discípulos sobre sus puntos de vista acerca del sufrimiento?

¿Cuál es tu primera reacción a la respuesta de Jesús?

La pregunta de los discípulos estaba relacionada con la causa del sufrimiento, pero la respuesta de Jesús estaba relacionada con el propósito. ¿Cómo puede ser esa una distinción útil?

Jesús sanó al hombre ciego (Juan 9:7) quien más tarde se convirtió en un seguidor de Cristo (Juan 9:35-38). Aunque llegué a Cristo a través de este pasaje, no pensé que todo sufrimiento tuviera un propósito, había demasiado dolor y maldad en el mundo para creer eso. Pasaron muchos años antes de que estuviera convencida de la soberanía de Dios sobre todo.

Me gustaría compartir contigo parte del recorrido que realicé para comprender la soberanía de Dios mediante citas de la Biblia, libros y sermones y cómo estos me influyeron en el camino. Cada segmento está seguido por una lista de varios pasajes bíblicos.Elige uno o dos para leer; luego, escribe tu reflexión sobre lo que aprendas de los pasajes y cómo estos se relacionan con la cita o párrafo previos.

1. DIOS NO COMETE ERRORES.

A principios de 1996, un amigo citó una paráfrasis de Salmos 119:68a diciendo: «Dios es bueno, y todo lo que Él hace es bueno». Pensé en esas palabras durante días.

BUSCA SALMOS 119:68A y escríbelo a continuación.

Poco después, comencé a dar un estudio para mi iglesia sobre el libro de Evelyn Christensen, ¿Qué sucede cuando las mujeres oran?. Cuando llegué al capítulo titulado: «Dios nunca comete errores», supuse que la autora no había sufrido. Pero luego supe que había tenido tres abortos espontáneos, un bebé suyo nació muerto y tuvo un bebé que murió a los siete meses de vida. Pasé horas leyendo la Biblia, tratando de averiguar si las palabras de ella eran verdaderas.

Ella había escrito:

> *Este es el lugar al que llegas cuando, después de años y años de pruebas y dificultades, ves que todo ha sucedido para tu bien, y que la voluntad de Dios es perfecta. Ves que el Señor no ha cometido ningún error. Él conocía todos los posibles escenarios en tu vida. Cuando finalmente reconoces esto, incluso durante tus pruebas, es posible tener alegría, un gozo muy profundo.*[3]

Casi un año después, cuando murió mi hijo, hablé en su funeral y dije: «Dios nunca comete errores», y encontré gran consuelo en esas palabras.

PASAJES: Números 23:19; Deuteronomio 32:4; Salmos 18:30

TU REFLEXIÓN

2. DIOS ES SOBERANO SOBRE MI SUFRIMIENTO

Aunque creía que Dios nunca comete errores cuando hablé en el funeral de mi hijo Paul, más tarde tuve que luchar para aceptarlo. Meses después, escuché sobre Charles Spurgeon, un fiel predicador británico del siglo XIX que luchó con una depresión debilitante toda su vida, y que murió por gota e insuficiencia renal a la edad de 57 años. Cuando le preguntaron cómo se sentía acerca de su situación, él respondió:

> *Sería una experiencia muy difícil y dura para mí el pensar que atravieso una aflicción que Dios nunca me envió, que esta copa amarga no fue llenada por su mano, que mis pruebas no fueron medidas por Él ni fueron enviadas a mí sin el disponer su peso y cantidad.*[4]

Esta cita me dejó atónita. Charles Spurgeon estaba seguro de que todas sus luchas y dificultades fueron enviadas específica y directamente por Dios. Darme cuenta de que Dios había pesado cuidadosamente mis pruebas, que nada en mi vida era arbitrario y que Dios había puesto límites a mi sufrimiento fue un gran consuelo.

PASAJES: Isaías 45:6-7; Lamentaciones 3:32-33; Mateo 10:29; Hechos 17:26-27; Romanos 8:28-29

TU REFLEXIÓN:

3. EL PLAN DE DIOS NO PUEDE SER DETENIDO.

Mientras intentaba descifrar estas ideas radicales, tomé el libro Cuando Dios llora, de Joni Eareckson Tada. No estaba preparada para cuán profundamente me cambiaría. Joni dice:

> *Nada sucede por accidente..., ni siquiera la tragedia..., ni siquiera los pecados cometidos contra nosotros. Cada aflicción que probamos algún día demostrará ser la mejor cosa posible que podría haber sucedido. Agradeceremos a Dios sin cesar en el cielo por las pruebas que nos envió aquí (...)* [5]
>
> *O Dios gobierna, o Satanás establece la agenda del mundo y Dios se limita a reaccionar. En cuyo caso, el Todopoderoso es el personal de limpieza de Satanás que busca una manera de sacar algo bueno de la situación. Pero no era lo mejor para ti de su parte, no era el Plan A, no era exactamente lo que Él tenía en mente. En otras palabras, aunque Dios lograra arreglar las cosas, tu sufrimiento en sí mismo sería sin sentido.*[6]

Satanás sí tiene un papel en nuestro sufrimiento, pero no puede dañarnos de formas que Dios no permita. Si pudiera hacerlo, eso haría de Dios el personal de limpieza de Satanás, volviendo nuestro sufrimiento un sinsentido. Pero nuestro sufrimiento no es inútil, y Satanás tiene poder limitado. El plan de Dios no puede ser frustrado por errores, por acciones pecaminosas ni por los planes de Satanás.

PASAJES: Génesis 50:20; Job 1:6-12; Isaías 43:13; Lamentaciones 3:37-38; Lucas 4:1-2; 1 Pedro 5:8-10

TU REFLEXIÓN:

4. LOS CAMINOS DE DIOS NO SON MIS CAMINOS.

Para creer que Dios tenía buenos propósitos en mi sufrimiento, necesitaba comprobar que era amoroso y sabio, y que tenía el control completo. No podemos confiar en un Dios que nos ama y llora con nosotras pero no puede ayudarnos. Si Dios no puede ayudarnos, no tenemos ninguna garantía de que alguna de Sus promesas se hará realidad. Sin embargo, todavía nos queda la pregunta de por qué sucedió todo esto. ¿Por qué Dios permite el sufrimiento? ¿De qué servirá?

La respuesta corta es que los caminos de Dios son un misterio. En esta vida puede que no entendamos lo que Dios está haciendo, pero podemos confiar en que Él tiene un propósito.

PASAJES : Isaías 55:8-9; Juan 13:4-7; 1 Corintios 2:9-10; 1 Corintios 13:12

TU REFLEXIÓN:

5. DIOS TIENE UN PROPÓSITO

Aunque no podemos ver todos los propósitos de Dios, podemos ver algunos. John Piper dijo:

> *Dios siempre está haciendo 10 000 cosas en tu vida, y tú quizás solo sabes de tres de ellas (...). Y no solo que ves una pequeña fracción de lo que Dios hace en tu vida, sino que, además, no le encuentras sentido a la parte que ves.*[7]

El sufrimiento a menudo parece sin sentido. Es difícil comprender cómo estamos protegidos por el poder de Dios y aún así soportamos pruebas difíciles. Pero hay consuelo en que nuestras pruebas no durarán para siempre y que Dios tiene un propósito en ellas.

PASAJES: Isaías 46:10; 1 Pedro 1:5; 4:12; 5:10

TU REFLEXIÓN:

Nuestro sufrimiento siempre está produciendo algo, lo cual Santiago ve como una razón para regocijarse.

LEE SANTIAGO 1:2-4. Según este pasaje, ¿cómo debemos ver las pruebas? ¿Te parece realista eso? Explica tu respuesta.

¿Por qué las pruebas desafían nuestra fe? ¿Ha sido esa tu experiencia? Explica tu respuesta.

Las pruebas han desafiado mi fe mientras me preguntaba por qué Dios las permitió, cuánto durarían y cómo resultaría todo.

Haz una lista de todo lo que producen las pruebas. ¿Cómo dejamos que la paciencia tenga su obra completa?

Es alentador que la paciencia que se consigue con esfuerzo al pasar por pruebas haga más madura nuestra fe y nos dé fuerza para resistir pruebas futuras. Pero para que esta alcance su obra completa, no deberíamos luchar contra el proceso. Necesitamos apoyarnos en Dios, confiando en que Él está utilizando cada parte de nuestro dolor para nuestro bien mayor.

Las pruebas generalmente comienzan con la falta de algo o con una pérdida, pero Santiago dice que su resultado es que no nos falte cosa alguna. ¿Cómo es eso posible?

Parece irreal que no nos falte nada en medio de una crisis cuando hay innumerables cosas que no tenemos. Pero al decir que no nos falta nada, estamos declarando que Dios proveerá todo lo que necesitemos y utilizará todo lo que enfrentemos para moldear nuestro carácter para ser más como Jesús. Durante años, tuve una cita de John Newton pegada en mi tablero de anuncios: «Todo lo que Él nos envía es necesario; nada de lo que Él retiene puede ser necesario».[8] Cuando vemos todas nuestras circunstancias a través del enfoque de la soberana provisión de Dios, realmente podemos vivir una vida sin falta de cosa alguna.

Profundiza

Lee la siguiente lista de algunos de los propósitos de Dios en el sufrimiento.

- Produce paciencia, entereza de carácter y esperanza (Romanos 5:3-5).
- Nos permite consolar a otros (2 Corintios 1:3-4).
- Nos enseña a confiar en Cristo (2 Corintios 1:8-9).
- Nos hace anhelar el cielo, nuestro verdadero hogar (2 Corintios 4:16-5:5).
- Nos prepara para una gran recompensa (2 Corintios 4:17).
- Nos ayuda a conocer mejor a Dios (Filipenses 3:10).
- Refina nuestra fe (1 Pedro 1:6-7).

¿Cuál de estos propósitos has experimentado? ¿Cuándo?

Busca los pasajes de la lista de arriba y encierra en un círculo los que sean más significativos para ti. ¿Cómo te animan en lo que estás pasando hoy?

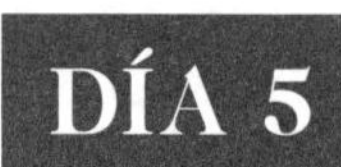

DÍA 5

Comenzamos esta semana haciéndonos la gran pregunta: *¿Por qué Dios permite que sufra?* ¿Ha ayudado el estudio de esta semana a responder esa pregunta? Explica tu respuesta.

¿Cómo has experimentado el amor y la fidelidad de Dios hacia ti esta semana? ¿Dónde has sentido Su presencia? Presta atención a las señales de Su amor y Su presencia a través de situaciones específicas, como recibir la respuesta a una oración, experimentar una paz inesperada o sentir consuelo después de leer la Biblia.

¿Cómo está obrando Dios en ti? ¿Y en tu sufrimiento? ¿Dónde has visto señales de Su propósito?

LEE SALMOS 71:19-21 Y JEREMÍAS 29:11. ¿Cómo crees que estos versículos refuerzan las verdades de esta lección?

¿Crees que el Señor solo quiere lo mejor para ti? En caso negativo, ¿por qué no? ¿Qué te está causando dificultades para creer? Explica tu respuesta.

¿En qué situación específica crees que debes confiar en que Dios tiene un propósito, una razón para lo que estás pasando, incluso si no lo entiendes?

Paul David Tripp dice: «La Biblia enseña que no hay situación, relación o circunstancia que nuestro Padre celestial no controle. Él ha administrado cuidadosamente cada detalle en la historia de nuestras vidas».[9]

¿Cómo se relaciona esa declaración con esta lección? ¿Estás de acuerdo con eso? ¿Por qué sí o por qué no?

Lee las siguientes afirmaciones sobre el propósito y las promesas de Dios. Elige aquella con la que más te identifiques, busca el versículo, escríbelo en una tarjeta y colócala en un lugar que veas seguido, para ayudarte a creer que Dios tiene grandes planes para ti.

Aunque las personas puedan intentar hacerme daño, Dios ha planeado todo para mi bien.
LEE GÉNESIS 50:20.

Dios puede hacer cualquier cosa, Sus planes no pueden ser frustrados.
LEE JOB 42:2.

Los caminos de Dios son perfectos, y Su Palabra demuestra ser verdadera.
LEE SALMOS 18:30.

Aunque hagamos planes, solo los propósitos de Dios se cumplirán.
LEE PROVERBIOS 19:21.

Todo en nuestras vidas como cristianas servirá para nuestro bien.
LEE ROMANOS 8:28.

En la Introducción (página 6) y en la sesión 2 (página 30), te pedí que hicieras listas de tus eventos pasados negativos y de los puntos bajos de tu vida, así como de los eventos positivos y de los puntos altos. Puedes escribirlos en la página 186 si aún no lo has hecho o si quisieras agregar algo más. Usaremos esas listas en la última semana.

Reflexión final

Hemos visto cómo Dios mostró Su bondad a Noemí a lo largo de su camino, incluso cuando ella estaba convencida de que Dios estaba en su contra. El maravilloso y redentor final no disminuye su dolor, pero sí pone su historia en una perspectiva diferente, sabiendo que Dios la utilizó para una alegría mayor. Sus pruebas tenían un propósito. Todas nuestras experiencias encajan en la gran historia de Dios de reconciliar el mundo a través de Cristo para que podamos deleitarnos en Él para siempre.

Si piensas en las listas mencionadas anteriormente, ¿dónde has visto la bondad de Dios en el camino que has estado recorriendo? ¿Ves la provisión de Dios? ¿Has desarrollado paciencia? ¿Cómo te ha acercado tu sufrimiento a Cristo? Escribe tus pensamientos.

SESIÓN 5: GUÍA DEL VIDEO

¿POR QUÉ DIOS PERMITE QUE SUFRA?

Mira el video de la sesión 5 y toma notas a continuación.

PREGUNTAS PARA REFLEXIONAR EN GRUPO

¿Qué parte de la enseñanza del video fue más significativa para ti? ¿Por qué?

¿El saber que Dios tiene un propósito en tu sufrimiento te ayuda a soportar tus dificultades? Explica tu respuesta.

Vaneetha hizo referencia a la cita de John Newton: «Todo lo que él nos envía es necesario; nada de lo que él retiene puede ser necesario». ¿Estás de acuerdo con esta afirmación? ¿Te reconforta? ¿Por qué sí o por qué no?

¿Cómo has visto a Dios hacer algo hermoso a partir de tu dolor o del dolor de alguien más?

¿Cómo te ha cambiado tu sufrimiento? ¿Te fortaleció? ¿Qué has aprendido en el sufrimiento?

¿Cómo ha sido afectada tu visión del sufrimiento por lo que has aprendido hoy?

¿Qué parte de lo aprendido en esta semana de estudio te ha equipado mejor para ayudar a otras personas que están sufriendo?

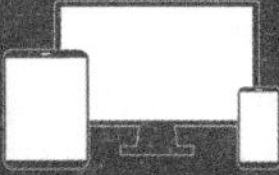

Para acceder a los videos de las sesiones de enseñanza, sigue las instrucciones de la parte posterior de este estudio bíblico.

SESIÓN 6

Pregunta

¿CÓMO PUEDE DIOS UTILIZAR MI SUFRIMIENTO SI ME SIENTO TAN INÚTIL?

DÍA 1

Cuando vivía en Boston, hacía planes para todas las noches, principalmente por mi inseguridad. Prestaba poca atención a lo que mi compañera de cuarto hacía hasta que una noche le pregunté si la había pasado bien. Ella dudó y con los ojos llenos de lágrimas, me dijo: «No, no la pasé bien. Fui a ver una película yo sola porque no tenía a nadie más con quien ir. No te invité porque siempre estás ocupada».

Sus palabras me dejaron sorprendida. Había estado tan absorta en mi mundo que no había notado qué hacía ella o cómo estaba. Me contó que había estado luchando con la soledad durante un tiempo. Me maravillé de su honestidad, especialmente después de que yo fuera tan poco considerada. Nuestra relación mejoró rápidamente, principalmente porque ella tuvo el valor de decirme cómo la había lastimado.

Ahora la considero una de mis amigas más cercanas de mis años en Boston. Esto me mostró el poder y el impacto de expresar nuestras necesidades con vulnerabilidad aun cuando nos sentimos menospreciados.

El estudio de esta semana y de la semana pasada se basa en el *PROPÓSITO,* una de las tres «P» que usamos como ancla. En el misterioso plan de Dios, Él utiliza nuestro sufrimiento para nuestro bien y para Su gloria. La semana pasada hablamos de cómo Dios utiliza nuestro sufrimiento para nuestra alegría eterna, para algo más grande de lo que podemos imaginar, incluso cuando todo lo que vemos sea una pérdida. Esta semana veremos cómo Dios es glorificado por lo que experimentamos. Hoy, vamos a estudiar la historia de la mujer samaritana, la cual nos ofrece una hermosa imagen de cómo el testimonio de una persona que se encuentra con Jesús en su quebranto puede dar gloria a Dios y transformar una comunidad entera. Veremos cómo Dios usa a otros para animarnos en nuestro sufrimiento, y cómo nosotras, a su vez, podemos animarlos a ellos.

Antes de adentrarnos en los detalles, hay que tener una visión general de la historia. Mientras lees, presta atención al poder del testimonio de la mujer samaritana.

LEE JUAN 4:1-30,39-42. ¿Qué notas? ¿Hay algo que te sorprenda?

Comencemos con un poco de contexto sobre Samaria. Después de que el rey Salomón muriera en el año 931 a. C., su reino (que estaba compuesto por las doce tribus de Israel) se dividió. Las diez tribus del norte pasaron a ser conocidas como Israel, y las dos del sur, como Judá. Los asirios destruyeron Israel alrededor del 722 a. C. y deportaron a la mayoría de sus habitantes a Asiria.[1] Luego, los asirios poblaron Israel con una variedad de personas paganas. Estos nuevos residentes se casaron con los judíos que quedaban en el país, formando así un pueblo de raza mezclada. Su religión era una combinación de culturas paganas mezcladas con la fe judía, y se establecieron en una región conocida como Samaria. Samaria se encontraba justo entre Judea y Galilea.

Los judíos odiaban a los samaritanos porque habían corrompido la línea de sangre y la fe. Su desprecio por ellos era tan grande que a menudo los judíos rodeaban Samaria cuando viajaban de Judea a Galilea, en lugar de atravesarla. Incluso los fariseos llamaron a Jesús «samaritano» a modo de insulto (Juan 8:48).

VUELVE A LEER JUAN 4:1-15.

Aquí tienes algo de información para ayudarte a comprender el contexto. El versículo 6 dice que Jesús se sentó en el pozo al mediodía (o «la hora sexta»), que era una de las horas más calurosas del día. Las mujeres solían ir al pozo en el fresco de las mañanas o por la tarde (Génesis 24:10-11), y ahí probablemente se reunían y se ponían al día unas con otras. Además, era culturalmente tabú para un hombre judío hablar a solas con una mujer, especialmente una mujer samaritana (vv. 9, 27).

¿Cuáles fueron las primeras palabras de Jesús a la mujer samaritana? ¿Por qué crees que Jesús inició la conversación de esta manera?

¿Qué le ofreció Jesús a la mujer samaritana y cómo malinterpretó ella la oferta? (vv. 10-15).

VUELVE A LEER JUAN 4:16-18. ¿Qué aprendemos sobre el pasado de esta mujer? ¿Cuál es tu reacción inicial a esta información? Explica tu respuesta.

Muchos la consideran una adúltera serial. Pero dado que las mujeres no podían iniciar el divorcio y la pena judía por el adulterio era la lapidación (Juan 8:4-5), es muy poco probable que ella lo fuera.

No sabemos por qué tuvo cinco maridos, por qué no estaba casada con el hombre con el que vivía, o por qué fue al pozo al mediodía. Es probable que su historia esté llena de sufrimiento, de pecado y vergüenza, al igual que todas nuestras historias. Tal vez los maridos que tuvo le fueron infieles, se cansaron de ella o, simplemente, murieron en sus brazos. Acaso debido al trauma infantil y a sus heridas de adulta, creía que no era suficiente, y los múltiples hombres que conocía contribuían a esa narrativa. Tal vez vivir con un hombre que no era su esposo fuera su único medio de sustento. Cualquiera que fuera la razón de sus relaciones fallidas, probablemente llevó la carga de la vergüenza y las cicatrices invisibles al pozo ese día.

¿Ha cambiado esta información tu opinión sobre la mujer en el pozo? Explica tu respuesta.

Jesús conocía todo su pasado. ¿Cómo podría eso haberle dado vida a la mujer samaritana? ¿Cómo podría haber dificultado la situación?

VUELVE A LEER JUAN 4:19-26. ¿Qué le dijo Jesús a la mujer samaritana sobre la identidad de Él? ¿Te sorprende esto? ¿Por qué sí o por qué no?

En los evangelios, esta es la conversación personal más extensa registrada que Jesús mantuvo con alguien, es su primera declaración de que Él era el Mesías y es la única vez que reveló su identidad a un gentil.

Al considerar la actitud de Jesús con la mujer samaritana y lo que le dijo, ¿cómo hizo que ella se sintiera vista, conocida y amada? ¿Cómo fue que Jesús la animó y le dio dignidad?

El honor que Jesús mostró a las mujeres a lo largo de los evangelios es asombroso. En la sesión 1, Jesús se encontró con Sus queridas amigas —María y Marta— con lágrimas y verdad. En la sesión 3, Jesús confió a María Magdalena la impresionante noticia de Su resurrección. Y en esta sesión descubrimos que Jesús eligió revelar Su identidad como Mesías, por primera vez, a una mujer samaritana.

LEE JUAN 4:27-30,39-42. ¿Cómo muestran los versículos 28-30 un cambio de vida en esta mujer? ¿Cuál fue su testimonio y cómo es un ejemplo para nosotras en nuestros propios esfuerzos de evangelización?

¿Cómo respondió la gente? (vv. 30, 39). ¿Qué te dice eso sobre la influencia de esta mujer? ¿Te sorprende esto, considerando que ella había estado sola en el pozo? ¿Por qué sí o por qué no?

Jesús ofreció a la mujer samaritana agua viva, lo que ella malinterpretó al principio. Ella estaba feliz de recibir esa agua si eso la mantenía alejada de tener que sacar agua del pozo, tal vez eso le facilitaría evitar a las personas en su comunidad. Sin embargo, el agua viva que finalmente recibió de Jesús la llevó de regreso a la comunidad. Después de su encuentro con el Mesías, la mujer dejó su cántaro de agua y corrió de vuelta a la ciudad para contar su historia a todas las personas que había evitado con tanto esfuerzo.

Al final de todo, ¿por qué creyó la gente en Jesús? (vv. 40-42). ¿Cómo te anima eso al compartir tu historia?

Es fácil alejarse de la comunidad en momentos de sufrimiento y levantar muros de autoprotección. Sin embargo, después de que la mujer samaritana conociera a Jesús, se acercó a su comunidad. Muchos del pueblo creyeron como resultado de su testimonio, sin ver sanidades u otros milagros o, incluso, sin escuchar un sermón conmovedor. Todo comenzó con el testimonio de una mujer. Dadas sus luchas, probablemente no se dio cuenta del peso de su influencia o del poder de su testimonio. Quizás tú tampoco.

¿Se ha encontrado Jesús contigo en tu sufrimiento? Explica tu respuesta.

Si no, detente y pídele al Espíritu que revele Su presencia y Su amor hacía ti ahora. Pídele agua viva.

LEE EFESIOS 3:14-19 y pídele a Dios que te dé la capacidad de entender Su amor.

Si Él ya se ha encontrado contigo en tu sufrimiento, ¿cómo puede tu historia apuntar al poder del evangelio y ser de bendición para otros? Haz una lista de algunas personas con las que puedas compartir tu historia esta semana, junto con algunos puntos claves de lo que podrías decir.

¿En qué áreas puedes identificarte con la mujer samaritana? ¿Qué te está ofreciendo Jesús? Reflexiona sobre todo lo que has aprendido hoy, y escribe lo que el Señor podría estar mostrándote sobre tu necesidad, sobre el cuidado de Jesús y sobre la importancia de tu historia.

Es posible que pensemos que el cuerpo de Cristo no nos necesita cuando estamos heridas, pero nuestra historia de la fidelidad de Dios para con nosotras en medio de nuestros sueños destrozados puede ser el mayor testimonio que podríamos ofrecer. El mundo necesita ver que nuestra fe en Dios hace la diferencia en medio del sufrimiento. ¿Estás dispuesta a dejar que Dios te use de esta manera?

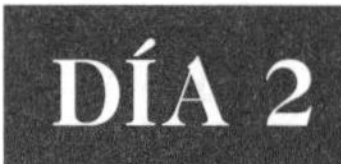

DÍA 2

Dios fue glorificado a través de la vida de la mujer samaritana, quien anteriormente estaba marcada por el sufrimiento y la vergüenza. Si estás pasando por luchas, puedes preguntarte cómo Dios podría usar tu vida, especialmente si sientes que eres una carga para los demás. Aunque entiendo esos sentimientos, cuando nosotras como cristianas nos volvemos a Dios en nuestro sufrimiento, eso atrae a otros hacia el Señor. Nuestro sufrimiento tiene un propósito mayor de lo que podemos ver o saber. Los tesalonicenses son un gran ejemplo de esta verdad.

NUESTRO SUFRIMIENTO PUEDE SER UN TESTIMONIO

LEE 1 TESALONICENSES 1:6-8. ¿Qué aprendemos sobre cómo los tesalonicenses recibieron el evangelio?

¿Qué vino después de su respuesta al sufrimiento? ¿Qué nos enseña esto sobre cómo nuestra fe durante el sufrimiento puede impactar en otros?

¿Cómo ha impactado en tu fe el sufrimiento que vivió alguien que conozcas (o alguien de quien hayas leído)?

He mencionado a Joni Eareckson Tada varias veces porque su historia sobre la fidelidad de Dios en su sufrimiento cambió mi vida. Ella soporta el dolor sin amargura porque su vida está arraigada en Dios. La fuente de su alegría es Él, no sus circunstancias. Cuando vivimos de esta manera, el mundo lo nota. No necesitamos hacer nada más, de hecho, nuestra debilidad resalta el poder y la suficiencia de Dios.

LA DEBILIDAD RESALTA EL PODER DE DIOS

LEE 2 CORINTIOS 12:1-10. ¿Qué ganó Pablo cuando su súplica por alivio le fue denegada? ¿Cómo puede este pasaje alentarte mientras consideras tus propios dolores y anhelos?

¿Ves tu debilidad como una fortaleza? ¿Has experimentado el poder de Dios de manera más viva en tu sufrimiento? Explica tu respuesta.

EL IMPACTO CÓSMICO DE NUESTRO TESTIMONIO

Nuestro glorioso Dios, que nunca desperdicia una gota de nuestro sufrimiento, usa a aquellos que sufren solos para impactar no solo a sus cuidadores y a las pocas personas con las que tienen contacto, sino también a los ángeles y a los demonios que constantemente observan cómo ellos responden a la aflicción.

Cuando sufrimos solas, a menudo nos preguntamos si nuestro dolor tiene algún propósito. Si nadie sabe por lo que estamos pasando, quizás nos preguntemos si tiene algún sentido el recibir una respuesta de Dios. Yo me cuestionaba esto, hasta que me di cuenta de que no estaba sola en mi sufrimiento y que una inmensa audiencia invisible estaba observando mi respuesta a las pruebas. Y debido a eso, mi respuesta al sufrimiento sí importaba.

Esta idea la escuché por primera vez del pastor John Piper, mientras analizaba el libro de Job. Habló sobre cómo en los primeros dos capítulos, vemos que se muestra la gloria de Dios a los ángeles y a los demonios. Ellos observan a Job alabar y honrar a Dios incluso después de su calamidad, la cual incluyó la pérdida de sus siete hijos, sus posesiones y su salud.[2]

Dios demuestra Su sabiduría a los principados y potestades en los lugares celestiales mientras observan a la Iglesi, a ti y a mí. Creo que damos testimonio de la grandeza de Dios y del poder del evangelio a través de nuestras vidas y testimonio, incluyendo nuestra respuesta al sufrimiento. El mundo espiritual está observando cuando nos mordemos la lengua al sentirnos tentadas a hablar de manera desagradable. Cuando nos retorcemos de dolor solas y elegimos alabar a Dios de todos modos. Cuando enfrentamos a un jefe exigente, a hijos desafiantes o a un marido insensible y confiamos en que Dios nos dará la fuerza que necesitamos.

Al soportar todas estas cosas, le mostramos a esa audiencia invisible el incomparable valor de Cristo.

LEE LUCAS 15:7, 10; EFESIOS 3:10. ¿Qué nos dicen estos versículos sobre los lugares celestiales? ¿Cómo puede eso ser alentador para las personas que luchan con dificultades en aislamiento?

Innumerables personas con enfermedades y discapacidades severas que afectan la vida viven en aislamiento y no son parte de una comunidad terrenal, pero están rodeadas de seres celestiales, una gloriosa nube de testigos, y por el Señor mismo. Y al volverse a Dios en su sufrimiento, lo glorifican ante el mundo invisible.

Estos santos que viven en aislamiento forzado llevan una carga adicional que otros no tienen. Podemos sentirnos mal equipadas para apoyarlos, pero si alguna vez hemos experimentado el consuelo de Dios, podemos transmitir compasivamente ese consuelo a cualquiera.

COMPARTIR EL CONSUELO DE DIOS

LEE 2 CORINTIOS 1:3-4. ¿Qué aprendemos sobre la consolación en este pasaje?

¿Cómo has experimentado el consuelo de Dios de primera mano?

Este pasaje dice que debemos consolar a otros con el consuelo que hemos recibido. ¿Cómo el entender esta verdad puede darte confianza al ministrar a otros?

Para que podamos consolar a otros en su sufrimiento, Dios primero debe consolarnos a nosotras. No podemos aprender del consuelo de Dios de segunda mano; no se aprende a través de libros ni de clases, sino solo a través de la experiencia directa. Y una vez que lo hemos experimentado, podemos transmitir ese consuelo perdurable a los demás.

CONSUELO A TRAVÉS DE LA COMUNIDAD

La comunión más profunda que he experimentado es entre otros creyentes que sufren. Aunque a menudo no podemos satisfacer las necesidades físicas del otro, sí podemos orar por ellos, que es lo más importante que podemos hacer. Los santos que sufren pueden ministrar a otros al compartir cómo el Espíritu los ha consolado a través de las oraciones respondidas, con pasajes de la Biblia alentadores, mediante artículos inspiradores y con historias de la gracia continua de Dios. Aunque verse en persona es maravilloso, mediante la tecnología podemos ministrar a otros y ser ministradas por santos en todo el mundo.

LEE COLOSENSES 3:12-17. Haz una lista de todas las formas en que puedes animar a otros en tu comunidad, incluso cuando estás sufriendo.

¿Cuál de estas actividades estás practicando actualmente? ¿En qué áreas necesitas crecer?

El apóstol Pablo escribió desde la prisión las epístolas del Nuevo Testamento de Efesios, Filipenses, Colosenses y Filemón. Estaba encadenado y necesitaba que las personas le ayudaran físicamente a suplir sus necesidades, probablemente incluyendo el escribir estas cartas. Sin embargo, su impacto desde la prisión fue incalculable, pues compartió el evangelio, oró por los demás, compartió lo que Dios le estaba enseñando y alentó a las personas a su alrededor así como a los destinatarios de sus cartas.

LEE COLOSENSES 4:2-13. ¿Cuál fue la petición de Pablo para los lectores de la carta? (vv. 3-4).

¿Qué indican las palabras de Pablo que los creyentes en comunión hacen los unos por los otros? (vv. 7-13).

¿Dónde puedes aplicar en tu vida lo que has aprendido sobre la importancia de la comunidad en el sufrimiento?

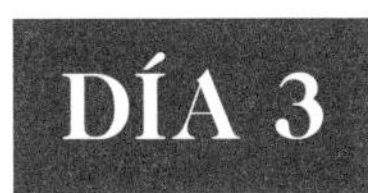

DÍA 3

Hemos examinado de cerca Juan 4; ahora, escuchemos la lectura del pasaje. Deja que el Espíritu Santo te hable a través de Su Palabra de otra manera.

Comienza con una oración:

Amado Señor, háblame a través de Tu Palabra y muéstrame algo de Ti que necesite ver. Ayúdame a eliminar todas las distracciones y haz que Tu Palabra, que es viva y eficaz, penetre en mi corazón para que pueda encontrarte.

Utiliza una aplicación o sitio web de la Biblia en audio para escuchar Juan 4:1-30, 39-42 leído en voz alta. (Algunas opciones son las aplicaciones de la Biblia YouVersion o Dwell y el sitio web biblegateway.com).

Mientras escuchas, imagínate en la historia. ¿Qué frases notas? ¿Qué ves? Escribe cualquier cosa que te hable al escuchar el pasaje.

¿Cómo ha afectado este pasaje tu perspectiva sobre el sufrimiento y la comunidad?

¿Cómo ha cambiado tu visión de Jesús al estudiar esta historia?

Las heridas provocadas por las iglesias pueden ser profundas. Hace años, dejamos una iglesia por problemas con los líderes, y nos sorprendieron los comentarios desagradables y los rumores que comenzaron a circular sobre nosotros. Amábamos esa comunidad, pero pronto los amigos se volvieron distantes y nuestros recuerdos no fueron los mismos. Fue tanto confuso como desgastante.

En mi diario, un día escribí:

> *Mi reputación es horrible (...). Confieso que no puedo sacar esta situación de mi mente. Enséñame lo que necesito aprender. Ayúdame a dejar pasar esto y no dejes que me amargue.*

Fue difícil volver a empezar e involucrarnos en una nueva iglesia. Finalmente nos instalamos, pero también en esta nueva iglesia se produjeron heridas. Éramos miembros cuando mi esposo abandonó a nuestra familia, lo que causó especulaciones sobre mi autenticidad y mi carácter. Algunas personas cuestionaron si seguía estando calificada para enseñar un estudio bíblico. Cuando escuché los rumores sobre mí, quise alejarme; me sentía traicionada por personas en quienes había confiado.

Al mismo tiempo, sabía que no podía tener una vida en soledad. Tenía dificultades físicas, un cuerpo débil y luchas como madre soltera que iban en aumento. Emocionalmente, necesitaba amigos que caminaran con nosotras y que ayudaran a que nuestras vidas se sintieran normales de nuevo. También necesitaba aliento espiritual para seguir confiando en Dios cuando no tenía ganas de hacerlo. El cuerpo de Cristo nos acompañó. Dios trajo amigos para levantarme que incluso mencionaron cómo yo les estaba ministrando en mi dolor.

Estas son algunas de las cosas que escribí en mi diario de esa época:

> *El viernes, Margaret dijo que mi fe y transparencia la habían impactado y que habían profundizado su fe. Estoy agradecida por la comunidad, me doy cuenta de cuánto deseo palabras de ánimo que me ayuden a seguir adelante (...). Shalini dice que la animo con mi fe, lo cual parece loco porque ella es la que me anima a mí (...). Y luego, esta semana, varias personas han confirmado mi llamado para escribir: Debby, Bill y Paula me dijeron lo mismo por separado. Quizás uses lo que he pasado para ministrar a otros (...).*

Dios me animó a través de otros creyentes, especialmente de mi hermana, quien constantemente me recordaba el amor de Dios y mi valor. Con lágrimas en sus ojos, mi grupo de oración semanal intercedió por mí. Sentí destellos de esperanza cuando sugirieron que este doloroso momento podría dar a luz a un nuevo ministerio.

Las personas de la iglesia cambiaron los focos de la casa, actuaron como choferes para mis hijas y organizaron tiempos de oración. En cierto punto, una docena de personas se reunieron en nuestra habitación extra, leyeron juntos el Salmo 107, lloraron conmigo y oraron por mis necesidades básicas. Estos amigos me aseguraron que Dios nunca me abandonaría, que estaban orando fielmente por mí y que yo era una parte valiosa de la comunidad, incluso cuando no tenía nada que dar.

Dependiendo del contexto, todos sufrimos o brindamos ayuda. Para el próximo ejercicio, lee las dos categorías, pero elige solo una sobre la cual actuar. De ser posible, organiza las acciones que planificaste dentro de las próximas dos semanas.

CATEGORÍA UNO: actualmente estás sufriendo y necesitas ayuda.

Ora:

Señor, vengo a Ti con muchas necesidades, insegura de cómo puedan ser satisfechas o de si lo pueden ser. Te pido que abras mis ojos para ver lo que necesito y cómo quizás ya lo estás proporcionando. Dame discernimiento sobre a quién llamar para pedir ayuda y dame gracia para dejar de lado mi orgullo y las heridas del pasado y poder confiar en Ti en esto. Ayúdame a reconocer que, incluso si las personas no pueden ayudarme o solo pueden hacer un poco, Tú proveerás para mis necesidades.

En un mundo perfecto, ¿cómo te gustaría que la comunidad a tu alrededor te ayudara? Haz una lista de todo lo que puedas pensar, incluyendo ayuda física, apoyo emocional y aliento espiritual.

Haz una lista de algunos amigos y considera en oración a quién contactar primero. Pregúntales si pueden reunirse durante una hora, preferiblemente en persona; pero, si no es posible, por teléfono o video.

En la reunión, comparte tus necesidades y las formas específicas en las que ellos pueden ayudar. O tal vez simplemente usa el tiempo para pensar en ideas de cómo otras personas podrían ayudar a suplir tus necesidades. Anota aquí lo que quieras conversar.

CATEGORÍA DOS: alguien en necesidad te viene a la mente o tú misma no estás en una temporada de necesidad.

Ora:

Señor, no sé cómo o dónde quieres usarme, pero traigo mis manos vacías y abiertas. Hazme sensible a Tu voz y ayúdame a salir de mi zona de confort en fe. Quita mis miedos de ser inadecuada o de estar demasiado ocupada y ayúdame a confiar en que me equiparás con todo lo que necesito. Muéstrame a quién llamar.

¿Qué recursos tienes que Dios podría usar para suplir las necesidades de alguien que está sufriendo? Piensa en recursos físicos, talentos y dones espirituales. ¿Cómo te ha utilizado Dios en el pasado?

Escribe los nombres de algunos amigos que necesitan ayuda, y pídele al Señor que te muestre a la persona a la que debes contactar.

Contáctalos y considera decirles: *El Señor me hizo acordar de ti. Me encantaría reunirnos para ponernos al día, escucharte, orar y ver cómo podría ayudarte. ¿Estarías dispuesto a reunirte conmigo durante una hora?*

Intenten reunirse en persona; de no ser posible, háganlo por teléfono o video. Cuando se reúnan, enfócate en escuchar. Tan solo tu presencia y atención ministrarán a la persona en necesidad. Ora con tus amigos en el momento y promete continuar orando. Pídeles que compartan contigo sus necesidades de oración específicas a medida que surjan. Si es apropiado, organicen un «plan de cuidado», e involucren a otros amigos para ayudar a llevar la carga. Considera escribirle en los próximos días a la persona una carta, una nota o un mensaje de texto brindándole aliento.

Después de tu conversación, ya sea que te hayas reunido con alguien en necesidad o que hayas pedido ayuda, registra lo que sucedió.

¿Qué parte de la reunión fue más fácil de lo que anticipaste? ¿Qué fue lo más desafiante?

¿Cómo necesitas hacer un seguimiento?

DÍA 4

Algunas personas tienen el don de alentar, mientras que otras..., no tanto. Mis hijos suelen estar en la segunda categoría. Aquí está un extracto de nuestra carta de Navidad del 2014.

> *Ayer, Kristi me dijo que debía dejar de usar mi viejo abrigo porque se veía terrible. Minutos después, notó mis zapatos nuevos y dijo que eran muy bonitos. Pero antes de que pudiera deleitarme en el elogio no solicitado, agregó: «Me gustan porque desde las rodillas hacia abajo, pareces un viejito».*

Estoy agradecida de que Dios nos dé personas, además de nuestros hijos, para animarnos. Especialmente cuando estamos batallando. El don de Dios de la comunidad puede ser vivificante, tanto para las personas que están sufriendo como para aquellos que les ministran.

LEE 2 REYES 4:1-7. ¿Cuál era la situación de la mujer y quién inició la conversación sobre su necesidad? (v. 1).

Resume las instrucciones de Eliseo (vv. 2-4).

¿Cómo recibió ayuda la viuda? ¿Qué papel jugaron los hijos de la mujer? ¿Qué papel jugaron sus vecinos? ¿Qué puedes aprender de esta interacción de responsabilidad? ¿Quién finalmente proveyó para ella?

Mientras que la ayuda del hijo y de los vecinos hizo posible que ella pudiera suplir sus necesidades, fue el Señor quien puso todo en marcha. Es Su obra la que hace que nuestra ayuda sea útil.

¿Cuál es tu respuesta inicial cuando otros te piden ayuda? ¿Qué peticiones son fáciles para ti? ¿Qué peticiones te hacen sentir incómoda? ¿Cuáles son tus miedos cuando te piden ayuda?

¿Cómo te sientes al pedirle ayuda a otros? ¿Cuáles son los beneficios? ¿Qué tipos de peticiones son fáciles de realizar? ¿Cuáles son algunas peticiones difíciles? ¿Cuáles son tus miedos al pedir?

PEDIR AYUDA

No me gusta pedir ayuda, es difícil y humillante. Así que me resisto a pedirla, incluso cuando es por algo importante. La razón de mi vacilación ha variado a través de diferentes temporadas de la vida, pero he descubierto que a menudo está arraigada en el orgullo, el miedo o el resentimiento. Entonces, cuando respondas a la pregunta en la siguiente página, por favor entiende que no lo hago para juzgar o condenar, sino con un deseo de ofrecer ayuda y sanidad con lo que he aprendido.

Antes de hacer el siguiente ejercicio, pídele al Señor que abra tus ojos a la verdad, que te ayude a no estar a la defensiva y a actuar a partir de lo que Él te revele.

¿Cuál de las siguientes cosas te ha impedido pedir ayuda a las personas de tu iglesia o comunidad? Encierra en un círculo todo lo que aplique y marca con una estrella las dos principales.

Miedo a ser rechazada o juzgada (1 Samuel 16:7; Proverbios 29:25; Romanos 8:1).

Heridas pasadas, incluyendo las heridas de la iglesia (Isaías 43:18-19; Filipenses 3:13-14; Colosenses 3:12-13).

No tener una comunidad en la iglesia (Hebreos 10:24-25).

Miedo a ser una carga o parecer necesitada. Desear ser autosuficiente (2 Corintios 12:9; Gálatas 6:2).

Sentir envidia al ver que otros tienen lo que anhelas (Proverbio 14:30; Romamos 12:15; 1 Corintios 13:4).

Resentimiento porque otros no te han ayudado como tú los ayudaste (Proverbios 19:11; 1 Corintios 13:5; Hebreos 12:1).

Otro

____

____

____

____

Busca los pasajes indicados junto a las razones con las que más te identifiques. ¿Cómo se aplican esos pasajes a tu situación? ¿Qué pasos podría estar llamándote Dios a tomar como respuesta?

COMPARTIR NUESTRAS NECESIDADES

El Señor es quien finalmente suple nuestras necesidades, tal como lo hizo con la viuda en 2 Reyes. Pero también utilizó a las personas para satisfacer esas necesidades. Podemos sentirnos vulnerables al dejar que otros sepan dónde necesitamos ayuda, pero ellos no lo sabrán a menos que se lo digamos. El acrónimo **PEDIR** puede guiarte mientras consideras pedir ayuda.

P – Pide sabiduría a Dios sobre cómo otros pueden ayudarte (Salmos 25:9; Santiago 1:5).

- Ora por la sabiduría y dirección del Señor sobre tus verdaderas necesidades y a quién acudir.

E – Explica tu situación con honestidad, aunque requiera humildad (Proverbios 15:33; 1 Pedro 5:5).

- Es más probable que las personas estén allí para ti cuando sepan que necesitas ayuda.

D – Detalla lo que necesitas o lo que quieres específicamente (Santiago 5:14-15).

- Cuanto más específicas somos sobre nuestros deseos y peticiones, es más fácil que las personas respondan.

I – Intenta recordar que los demás tienen limitaciones, entendiendo que es Dios quien provee (Filipenses 4:19).

- Entender que las personas pueden estar ocupadas o ser incapaces de proporcionar lo que necesitamos es fundamental.

R – Responde brindando ánimo, así como ellos te animan a ti (Romanos 1:11-12).

- Comparte cómo Dios está supliendo tus necesidades a través de ellos. Cuéntales acerca de la fidelidad de Dios hacia ti.

El apóstol Pablo fue un gran ejemplo de cómo lidiar con las necesidades; oraba sobre todo, comunicaba lo que necesitaba de forma honesta y pedía ayuda específica. No quería sobrecargar a nadie, y recordó a las iglesias que Dios los bendeciría por su generosidad. Él también oraba constantemente por ellos, lo cual mencionaba frecuentemente en sus cartas.

Como Pablo, ten la esperanza de que Dios satisfará todas tus necesidades utilizando a otros como Él elija. No asumas que una sola persona puede hacer todo. Primero, entrega tus preocupaciones al Señor (1 Pedro 5:7), quien sabe lo que te falta, y Él lo proveerá (Mateo 6:30-33).

LEE ROMANOS 12:4-18. Haz una lista de todos los principios de comunidad que ves en este pasaje. ¿Qué cosas de la lista estás haciendo bien? ¿En qué estás fallando? ¿Qué puedes hacer para fortalecer tus áreas débiles?

SIRVE A LOS DEMÁS

Nuestras vidas diarias implican escasez en algunas áreas y exceso en otras. Podemos sentirnos abrumadas al cuidar de un bebé recién nacido, pero tenemos tiempo para orar por la noche cuando estamos despiertas alimentándolo. Incluso en nuestro sufrimiento, podemos prestar atención a aquellos a nuestro alrededor que están sufriendo. No sientas que necesitas satisfacer todas sus necesidades; pero puede que el Señor te pida que hagas algo. El acrónimo APOYAR puede ayudarte a recordar cómo estar ahí para las personas.

A – Acudir y estar presente (Job 2:11; Gálatas 6:9; Hebreos 10:24-25).

- Nuestra presencia es a menudo nuestro mejor regalo. Las palabras no son obligatorias. Solo necesitas estar ahí, especialmente cuando dijiste que lo estarías.

P – Pregunta: «¿Cómo estás hoy?» (Filipenses 4:10).

- Es más fácil responder a la pregunta «¿Cómo estás hoy?», que algo más general como «¿Cómo estás?». Esto expresa que te importa.

O – Ofrece tu ayuda de maneras específicas (Romanos 12:13; 1 Pedro 4:10).

- Sé lo más específica posible. Por ejemplo: «Tengo libre el jueves de dos a cuatro. ¿Hay algo que pueda hacer por ti?».

Y – Y ofrece palabras de ánimo, ya sean verbales o escritas (1 Samuel 23:16; 1 Tesalonicenses 5:11).

- Afirma a las personas; llámalas, envíales un mensaje de texto o escríbeles una nota. A veces, solo mando un mensaje de texto con un versículo y les hago saber que estoy orando.

A – Activa tus oídos (Santiago 1:19).

- Dale a las personas espacio para hablar y no minimices su dolor ni les sermonees. Escucha más de lo que hables.

R – Recuerda orar (1 Tesalonicenses 5:17; Santiago 5:16).

- La oración es lo mejor que podemos hacer. Ora por ellos, ora con ellos. Y mantente abierta a dejar que Dios te use para ser la respuesta a sus oraciones.

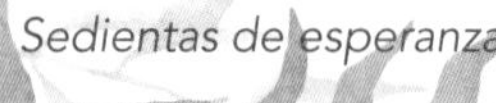

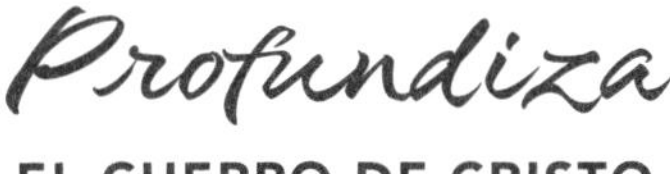

EL CUERPO DE CRISTO

LEE 1 CORINTIOS 12:12-13,18-27. ¿Te ves a ti misma como interconectada con los demás en la iglesia? ¿Por qué sí o por qué no?

¿Qué partes del cuerpo son indispensables? (v. 22). ¿Cómo puede eso relacionarse con alguien que está sufriendo? ¿Quién podría ser esa persona en tu iglesia?

¿Cómo afecta la alegría o la aflicción de un miembro al resto del cuerpo? (v. 26). ¿Cómo has experimentado esto en tu iglesia desde la alegría o la aflicción? Explica tu respuesta.

Eres vista, conocida y amada por el Señor. Cristo usa Su cuerpo, otros creyentes en la iglesia, para animarnos y mostrarnos Su amor. A su vez, glorificamos a Dios cuando confiamos en Él y le alabamos al atravesar adversidades. Podemos estar seguras de que Dios tiene un propósito para nuestro sufrimiento: Su gloria y nuestro gozo eterno.

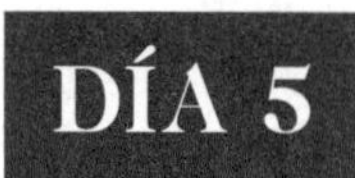

DÍA 5

Comenzamos esta semana haciendo la gran pregunta: *¿Cómo puede Dios usar mi sufrimiento si me siento tan inútil?* ¿Cómo ha ayudado el estudio de esta semana a responder esa pregunta? Explica tu respuesta.

¿Cómo has experimentado el amor y la fidelidad de Dios hacia ti esta semana? ¿Dónde has sentido Su presencia? Presta atención a las señales de Su amor y Su presencia a través de situaciones específicas, como recibir la respuesta a una oración, experimentar una paz inesperada o sentir consuelo después de leer la Biblia.

¿Cómo está obrando Dios en ti? ¿Y en tu sufrimiento? ¿Dónde has visto señales de Su propósito?

LEE 1 PEDRO 4:8-11. ¿Cómo se relaciona este pasaje con lo que hemos estudiado esta semana?

¿Alguna vez has experimentado el consuelo de Dios? Si es así, ¿cómo fue esa experiencia para ti? ¿Cómo puedes compartir ese consuelo con alguien más?

Intenta completar los acrónimos PEDIR y APOYAR de memoria. Si lo necesitas, revisa esa sección (páginas 147-148) y los pasajes bíblicos correspondientes.

P

E

D

I

R

A

P

O

Y

A

R

Lee las siguientes afirmaciones sobre nuestro propósito en la comunidad y sobre cómo Dios quiere que nos animemos mutuamente. Elige una afirmación, busca el versículo y escríbelo en una nota adhesiva o tarjeta que puedas colocar en un lugar prominente para ayudarte a recordar cuánto nos necesitamos unos a otros.

Cada una de nosotras tiene un propósito, un rol y un lugar de pertenencia en el cuerpo de Cristo.
LEE ROMANOS 12:4-5.

Dios nos llama a animarnos mutuamente.
LEE 1 TESALONICENSES 5:11.

Debemos ayudarnos mutuamente a llevar nuestras cargas.
LEE GÁLATAS 6:2.

Podemos animarnos mutuamente a través de la Biblia, las canciones y la comunión.
LEE COLOSENSES 3:16.

No dejes de reunirte con otros creyentes. Nos necesitamos los unos a los otros.
LEE HEBREOS 10:24-25.

Reflexión final

Nuestro sufrimiento tiene un propósito y puede glorificar a Dios cuando los amigos nos animan en nuestro dolor y nosotras, a su vez, alentamos a otros. Ese ánimo llega cuando damos testimonio de la bondad y fidelidad de Dios y apoyamos tangiblemente a aquellos en necesidad. Esta sesión se centró en esforzarnos de manera específica y práctica para animar a alguien más y en dar a conocer tus necesidades para que puedas ser alentada por otros. ¿Qué pudiste hacer? ¿Le has contado a alguien tu historia de la fidelidad de Dios? ¿Has mencionado tus necesidades a alguien o has ayudado a otro en su necesidad? ¿Has compartido con alguien cómo Dios te ha consolado en tu dificultad? De no ser así, busca hablar con alguien ahora. Después de haber hecho eso, registra en tu diario cómo Dios se ha encontrado contigo a través del proceso. ¿Qué has aprendido?

SESIÓN 6: GUÍA DEL VIDEO

¿CÓMO PUEDE DIOS UTILIZAR MI SUFRIMIENTO SI ME SIENTO TAN INÚTIL?

Mira el video de la sesión 6 y toma notas a continuación.

PREGUNTAS PARA REFLEXIONAR EN GRUPO

¿Qué parte de la enseñanza del video fue más significativa para ti? ¿Por qué?

¿Cómo se ha fortalecido tu fe al observar cómo otra creyente maneja su sufrimiento?

¿En tus momentos difíciles, quién ha estado allí para ti y cómo te ha ayudado?

¿Cuáles son algunas cosas que obstaculizan o limitan tu disposición para ayudar a alguien que está sufriendo?

¿Qué es el lamento en grupo y cómo es útil para aquellos que están sufriendo?

¿Cómo ha sido afectada tu visión del sufrimiento por lo que has aprendido hoy?

¿Qué parte de lo aprendido en esta semana de estudio te ha equipado mejor para ayudar a otras personas que están sufriendo?

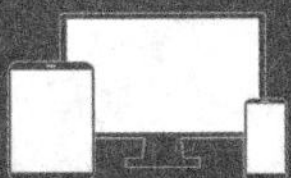

Para acceder a los videos de las sesiones de enseñanza, sigue las instrucciones de la parte posterior de este estudio bíblico.

SESIÓN 7

Pregunta

¿Y SI ESTO NUNCA MEJORA?

DÍA 1

Aunque sé que el cielo va a ser un lugar increíble, es difícil imaginar cómo será. Hay cosas que simplemente no comprenderemos hasta que las veamos. Mi hija Katie estaría de acuerdo. Aquí hay un extracto de nuestra carta de Navidad de cuando ella tenía tres años.

> *Hemos estado enseñando a Katie sobre Jesús, le hemos explicado que Jesús siempre está aquí con nosotros. Justo cuando pensábamos que lo estaba comprendiendo, tuvimos esta conversación:*
>
> *Katie: «Mamá, ¿dijiste que Jesús siempre está con nosotros?».*
> *Vaneetha: «¡Sí, Katie, eso es correcto!».*
> *Katie: «Bueno, Él no está aquí ahora. Si lo estuviera, su coche estaría afuera».*

Quizás puedas identificarte con ella. A veces es difícil creer o emocionarse por cosas que no son observables. Mucho de lo que creemos es invisible, incluso el núcleo de nuestra creencia se basa en lo que esperamos y no podemos ver. La fe necesaria para estar seguras de esas cosas proviene de conocer a Dios y confiar en Su bondad. En este momento, estamos llamadas a esperar con paciencia, sabiendo que un día veremos con nuestros ojos lo que sabemos por fe, cuando veamos todas las promesas de Dios cumplidas.

La semana pasada hablamos sobre cómo Dios usa a otros para animarnos y cómo nosotras, a su vez, podemos animarlos a ellos. Compartir con otros cómo Jesús se ha encontrado con nosotras en nuestro sufrimiento es un testimonio poderoso, el cual demuestra el valor supremo de Cristo.

Esta semana hablaremos sobre mi tercer y última ancla de las tres «P»: *la PROMESA del cielo.* El cielo ancla nuestra esperanza en la eternidad, donde algo infinitamente mejor nos espera a todas. Es crucial que recordemos esto, ya que algunas pérdidas y anhelos durarán toda la vida, como veremos en la vida de Lea. Ella nunca recibió lo que anhelaba, sin embargo, Dios fue suficiente para ella. Y a través de ella vino una bendición mayor que ella no alcanzó a ver: de su hijo Judá descendió el rey David y, más tarde, llegó el Rey Jesús.

LEE GÉNESIS 29:16-35. ¿Qué te llama la atención en este pasaje? Presta atención al dolor y a los anhelos de Lea en su matrimonio con Jacob. ¿Hay algo que te sorprenda? Explica tu respuesta.

VUELVE A LEER GÉNESIS 29:16-30. ¿Qué descubrimos al principio (vv. 16-18) que sienta las bases para una historia de rivalidad y comparación?

¿Qué emociones crees que sintió Lea? ¿Con quién te habrías molestado más? ¿Con Labán, su padre? ¿Con Jacob, su esposo? ¿O con Raquel, su hermana? Explica tu respuesta.

A partir de la comparación que el autor hace sobre las hermanas y la declaración de amor de Jacob por Raquel, vemos que se avecina el dolor para Lea. Sus problemas eran complejos: la decepción de su padre, la respuesta de su esposo y el trato preferencial hacia su hermana. Me pregunto si ella pudo hablar con alguien sobre su dolor, ya que todo provenía de su familia.

Raquel era claramente deslumbrante, hermosa en forma y apariencia, mientras que los ojos de Lea se describían como «sin brillo» o «delicados». La palabra hebrea utilizada aquí es difícil de traducir. Podría ser una descripción positiva, indicando que los ojos de Lea eran tiernos o hermosos, quizás reflejando una personalidad más tranquila. Pero el contraste transmitido en el pasaje probablemente indique una descripción negativa.[1] Cuales fueran sus diferencias, Raquel era del tipo de Jacob, y Lea, no. La descripción de los sentimientos de Jacob en el versículo 30 casi me hace llorar al recordar todas las veces que sentí que no me amaban y que no era suficiente para las personas cuya aprobación y amor anhelaba.

¿Alguna vez has sentido que no te aman o que no eres suficiente en comparación con los demás? Explica tu respuesta. ¿Cómo respondes cuando te sientes de esa manera? Tómate unos minutos y habla con el Señor sobre ello.

VUELVE A LEER GÉNESIS 29:31-35. Muchos nombres en la Biblia son significativos, pues reflejan tanto la mentalidad de la persona que designa el nombre como el carácter de la persona que lo recibe.

Haz una lista de los nombres de los primeros cuatro hijos de Lea en orden y de por qué eligió esos nombres.

NOMBRE	RAZÓN DEL NOMBRE

¿Qué notas sobre la progresión de sus nombres? ¿Qué te dice eso sobre la mentalidad de Lea? ¿Puedes relacionarte con su forma de pensar? ¿De qué manera?

A través de los nombres de sus primeros tres hijos, Lea daba a entender: «Soy vista y escuchada por Dios, así que conseguiré lo que anhelo». Sin embargo, no lo consiguió. Los sentimientos de Jacob no cambiaron. Lea seguía esperando que su próximo hijo cambiara la situación. He hecho algo similar, busqué desesperadamente una solución que cambiara mi aflicción y trajera felicidad y alivio. Aún así, cuando Lea nombró a Judá, estaba contenta de que Dios la viera, la conociera y la amara.

¿En qué parte de tu vida anhelas un cambio? ¿En qué áreas te preguntas: «¿Y si esto nunca mejora?»? ¿Hay algo en específico que esperas cambie la situación.

Derrama tu dolor ante Dios. Pídele sabiduría y dirección mientras avanzas, y recuerda que nada es imposible con Dios.

Con el tiempo, Dios puede darte lo que has estado anhelando. Pero, por ahora, tal vez te esté animando a seguir pidiendo, buscando y llamando a la puerta. De igual manera, quizás Dios no cumpla tus deseos en esta vida. ¿Depende tu felicidad de conseguir lo que esperas o puedes estar satisfecho si nunca lo recibes? Me lo he preguntado a mí misma.

Nombrar a su cuarto hijo «Judá» demostró que Lea fue capaz de poner su identidad en Dios y no en el amor de Jacob. Ella podía alabar a Dios en el abismo entre sus sueños y la realidad, permitiendo que Dios se encontrara con ella en sus anhelos insatisfechos.

Como dice mi amiga Paula Rinehart, todos tenemos «un dolor elegido, esto no significa que lo eligieras, sino que eliges aceptar su existencia como algo que Dios ha permitido por sus propias razones, las cuales deben ser buenas porque Él es bueno. Si te soy honesta, veo con ironía que mis dolores elegidos sean los mismos lugares donde Cristo se ha vuelto real para mí, donde Su perdón, Su amor y Su poder cautivaron mi corazón».[2]

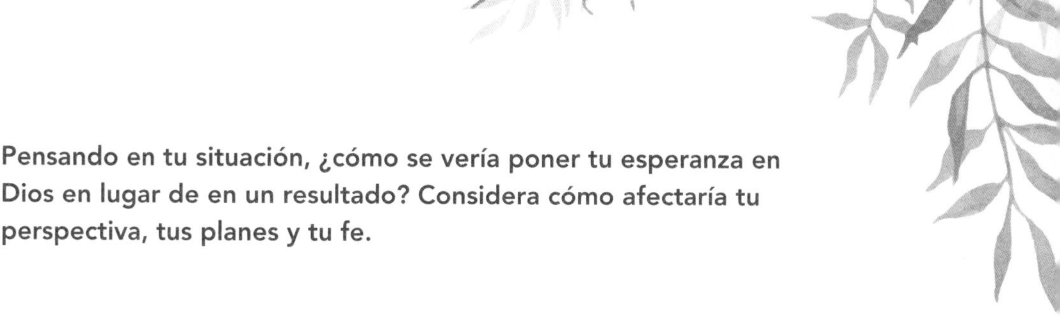

Pensando en tu situación, ¿cómo se vería poner tu esperanza en Dios en lugar de en un resultado? Considera cómo afectaría tu perspectiva, tus planes y tu fe.

¿Cómo han influido tus anhelos en tu relación con Dios?

LEE GÉNESIS 30:20. ¿Qué nos dice este versículo sobre el corazón de Lea después de darle dos hijos más a Jacob?

Vimos el cambio de perspectiva de Lea cuando nació Judá, sin embargo, aquí volvió a anhelar el amor de Jacob.

¿Su indecisión te resulta desalentadora? ¿Por qué sí o por qué no? ¿Cómo podría también ser alentadora?

Está bien lamentar tus pérdidas. John Piper dice: «Ocasionalmente llora profundamente por la vida que esperabas tener. Lamenta las pérdidas. Luego, lávate la cara. Confía en Dios. Y abraza la vida que tienes».[3]

Lea puede haber lamentado su anhelo por el amor de Jacob toda su vida. Quizás ella iba y venía, entre estar satisfecha en Dios y querer la aprobación de su esposo, como a menudo nos pasa con los deseos con los que luchamos. Nuestras vidas a menudo son una mezcla de pérdidas y anhelos, dolores que llevamos a Dios y aquellos que intentamos satisfacer nosotras mismas. Aun en esa vacilación, podemos estar seguras de que somos amadas por Dios de manera extraordinaria.

La historia de Lea me parece tierna. Durante su aventura, le dije a mi exmarido que me sentía como Lea para él: la esposa por obligación, alguien por quien nunca sintió pasión No pude explicar en ese momento cuán devastadora me pareció esa comparación; pero en el rechazo de mi esposo, el amor de Jesús se volvió más precioso para mí.

Como mencioné anteriormente, Judá, el cuarto hijo de Lea, es ancestro de David y, por lo tanto, de Cristo. Lea quería ser amada y honrada por Jacob, pero, en cambio, fue amada y honrada por Dios por toda la eternidad. A través de la descendencia de Lea llegó la salvación del mundo.

¿Cómo te alientan la vida y el legado de Lea en tu situación actual?

DÍA 2

Al inicio de Hechos, tenemos un asiento en primera fila para ver la vida de Esteban, especialmente, su muerte. Él fue seleccionado como diácono, siendo descrito como un hombre «lleno de fe y del Espíritu Santo» (Hechos 6:5). Dios lo usó poderosamente en la iglesia primitiva (Hechos 6:8), y nadie podía resistir su sabiduría (Hechos 6:10). Naturalmente, asumiríamos que él habría tenido una vida larga y fructífera liderando la iglesia y llevando a las personas a Jesús. Pero esa no fue la historia de Esteban.

Algunos de los judíos se oponían a las palabras y obras de Esteban, por lo que lo acusaron falsamente y lo arrastraron ante el Sanedrín, el consejo gobernante judío. Esteban respondió a sus acusaciones con un largo sermón en el que recitó la historia de Israel, acusando a los líderes judíos de ser tercos, de resistir al Espíritu Santo y de asesinar a Jesús (Hechos 7:51-53). Como puedes imaginar, esto enfureció aún más a su audiencia.

LEE HECHOS 7:54-8:4. ¿Qué vio Esteban cuando miró al cielo? (vv. 55-56). ¿Encuentras algo alentador o sorprendente en esta historia? Explica tu respuesta.

La Biblia generalmente nos presenta a Jesús sentado a la diestra de Dios (Efesios 1:20; Hebreos 12:2); sin embargo, en este pasaje, Esteban vio a Jesús de pie a la diestra de Dios. Los eruditos debaten sobre el motivo en el cambio de postura de Jesús, pero podría haber sido para dar la bienvenida a Esteban cuando entró al cielo.

¿Qué palabras usa tu Biblia para indicar que Esteban había muerto? (v. 60).

El apóstol Pablo también usó ese término para la muerte (1 Corintios 15:20; 1 Tesalonicenses 4:13). ¿Ese término te resulta reconfortante? Explica tu respuesta.

Peter Marshall, quien fue capellán del Senado de los EE. UU., contó la historia de un niño que estaba muriendo de una enfermedad incurable, y que le preguntó a su madre: «¿Cómo se siente morir? ¿Me va a doler?».

La madre oró por sabiduría para saber cómo responder. Ella le dijo a su hijo que era similar a cuando, después de jugar mucho y estar cansado, se quedaba dormido en la cama de sus padres. Luego, su padre iba por él cuando estaba durmiendo y lo llevaba de vuelta a su propia habitación. Ella le dijo: «Kenneth, la muerte es así. Simplemente nos despertamos una mañana para encontrarnos en la otra habitación; nuestra propia habitación a la que pertenecemos porque el Señor Jesús nos amó». La explicación consoló al niño pequeño y le quitó sus miedos. Varias semanas después, se quedó dormido.[4]

No todos enfrentan la muerte tan gentilmente como este joven chico. Algunos, como Esteban, experimentan muertes abruptas y dolorosas. Pero, sin importar las circunstancias, aquellos que conocen a Cristo verán a Jesús esperándolos cuando duerman.

¿Qué resultó de la muerte de Esteban? (8:1, 4). ¿Cómo te ayuda eso a poner su muerte en un contexto más amplio?

La iglesia fue esparcida, y el evangelio se extendió después de la muerte de Esteban. Al igual que el libro de los Hechos, las cartas del Nuevo Testamento alentaron a quienes sufrían con un mensaje de paciencia, de propósito y de recompensa celestial, con poca mención al alivio o al rescate. El escritor de Hebreos describió a las personas de fe como aquellas que no buscan un reino terrenal sino uno celestial (Hebreos 11:16), donde recibirían un galardón imperecedero (Hebreos 11:26). Ellos fueron torturados, azotados, encarcelados y apedreados, sabiendo que resucitarían a una vida mejor con una gloria eterna en el cielo (Hebreos 11:35-40). La Biblia nos asegura que habrá recompensas en el cielo, alabanza, honor y gloria para las personas que hayan perseverado y se hayan aferrado a Cristo en su sufrimiento.

El apóstol Pedro escribió su primera carta a la iglesia perseguida, conociendo cuán duramente estaban sufriendo sus lectores. Sabía que muchos de ellos perderían sus vidas por el evangelio, como Esteban.

LEE 1 PEDRO 1:3-7. Haz una lista de todo lo que se nos asegura cuando nacemos de nuevo. ¿Qué garantía es la más significativa para ti y por qué?

¿Qué dijo Pedro sobre las pruebas en el versículo 6?

Pedro dice aquí, y en 1 Pedro 5:10, que las pruebas solo durarán «un poco de tiempo» (un corto plazo), plenamente consciente de que las intensas pruebas de sus lectores podrían durar toda su vida. Pedro no estaba minimizando cuánto tiempo sufrirían, sino que contrastaba su sufrimiento con la eternidad. Al ponerlo en perspectiva, nuestro tiempo en la tierra representa una fracción de milímetros en comparación con un camino de cientos de miles de kilómetros, o un pequeño punto en un gráfico de línea infinita de tiempo.

¿Esa comparación hace más fácil soportar tus pruebas actuales? ¿Por qué sí o por qué no?

En segundo lugar, Pedro describió sus pruebas como «necesarias», lo que significa que no fueron el resultado del destino, la casualidad o de estar en el lugar equivocado en el momento equivocado. Más bien, vinieron por la voluntad de Dios.[5]

¿Cómo puede ser útil saber que nuestras pruebas son necesarias?

¿Cuál dice el versículo 7 que será el resultado de nuestras pruebas ahora y en la eternidad?

LEE SANTIAGO 1:2-4 (o repasa tus notas de la sesión 5, día 4), Y SANTIAGO 1:12, JUNTO CON 2 CORINTIOS 4:16-18. ¿Qué verdades se hacen eco en 1 Pedro 1:6-7? ¿Qué te anima de estos pasajes?

En la tierra tenemos la presencia de Dios, pero el cielo supera cualquier cosa que hayamos experimentado en la tierra. Dado que en el cielo nos espera una alegría incomparable, es mucho mejor morir y estar con Cristo (Filipenses 1:21-23); el aguijón de la muerte ya no nos afecta (1 Corintios 15:54-55).

El cielo es a donde las personas que han aceptado a Cristo van al morir para pasar la eternidad con Dios. Aunque todo el cielo será increíble y no seremos cargados con los efectos del pecado, la parte más espectacular del cielo será tener una comunión ininterrumpida y cara a cara con Dios para siempre.

Aunque tenemos una comprensión limitada del cielo, aquí están mis pensamientos sobre algunas preguntas importantes:

¿POR QUÉ DEBERÍA IMPORTARME EL CIELO AHORA?

Creer en el cielo es fundamental para nuestra fe. Si el cielo no fuera real, nuestra esperanza estaría en algo incorrecto (1 Corintios 15:14, 17-20). Podemos avanzar a pesar del sufrimiento intenso cuando estamos convencidas de que algo magnífico está por venir.

LEE 1 CORINTIOS 2:9. ¿Te reconforta este pasaje? Explica tu respuesta.

Dios está utilizando tu sufrimiento para prepararte para el cielo y para una gloria incomparable. Tu aflicción puede no parecer ligera o momentánea, puede sentirse increíblemente pesada y puede haber durado toda una vida, pero es breve en comparación con la eternidad. Tu dolor no durará para siempre.

La pregunta de Sam Gamyi hacia el final de El retorno del rey de J. R. R. Tolkien demuestra la aparición inesperada de la bondad y la alegría cuando le pregunta a Gandalf: «¿Acaso todo lo triste era irreal?».[6] La respuesta para nosotros es un rotundo: «¡Sí!». Todo lo triste se volverá irreal cuando Dios nos muestre cómo todas las cosas estaban trabajando para nuestro bien. C. S. Lewis se hizo eco de esta idea de que el cielo sanará todo cuando dijo: «[La gente] dice de algún sufrimiento temporal: 'Ninguna dicha futura puede compensarlo', sin saber que el cielo, una vez alcanzado, obrará hacia atrás y convertirá incluso esa agonía en una gloria».[7]

En el cielo, Dios convertirá nuestras agonías en gloria cuando haga todas las cosas nuevas. Qué gloriosa verdad. Como dice Randy Alcorn: «‹Y vivieron felices para siempre›, no es algo de un cuento de hadas. Es la promesa de Dios comprada con sangre para todos los que confían en el evangelio».

¿CÓMO SERÁ EL CIELO?

Quizás muchas de nosotras al pensar en el cielo nos vemos uniéndonos a los ángeles, sentadas en las nubes tocando arpas, lo cual no suena como una forma muy apetecible de pasar la eternidad. El cielo, en cambio, será más como volver a casa. Ya no seremos tentadas por el pecado, y tendremos nuevos cuerpos y mentes que se deleitarán en Dios para siempre.

Randy Alcorn dice esto sobre el cielo:

Nuestra creencia de que el cielo será aburrido revela una herejía: que Dios mismo es aburrido. No hay mayor tontería. Nuestro deseo de placer y de experimentar alegría provienen directamente de la mano de Dios. Él creó nuestras papilas gustativas, la adrenalina y las terminaciones nerviosas que transmiten placer a nuestros cerebros. De igual manera, nuestra imaginación y nuestra capacidad de sentir alegría fueron creadas por el Dios que algunos imaginan que es aburrido. ¿Somos tan arrogantes como para imaginar que los seres humanos inventaron la idea de divertirse? [9]

LEE APOCALIPSIS 21:1-6. ¿Cuál será nuestra relación con Dios en el cielo y qué hará Él por nosotras allí?

¿Qué es lo que más esperas del cielo? ¿Qué es lo que más te emociona de ser hecha nueva?

El resto de Apocalipsis 21–22 nos da una imagen del nuevo cielo y la nueva tierra, con una belleza deslumbrante, un río de vida y la ausencia de los efectos de nuestro pecado y egoísmo. Será una celebración interminable, donde no habrá tentación, temor ni insatisfacción, en la que apreciaremos plenamente todos los dones de Dios. Todo lo que amamos en la tierra será magnificado más allá de nuestra comprensión; el cielo será mejor que cualquier cosa que hayamos experimentado.

¿Y SI MUERO ANTES DE TIEMPO?

No podemos morir antes de nuestro tiempo. Cada una de nosotras vivirá todo el tiempo que Dios haya ordenado para nosotras desde antes de la fundación del mundo. Nuestros días exactos están contados por Dios, quien se asegurará de que hayamos cumplido todo lo que Él preparó para que hiciéramos.

¿De qué manera confirman esa verdad los siguientes pasajes?

- Salmos 139:16

- Filipenses 1:6

Lo que nos resulta aleatorio a nosotras, no lo es para Dios, porque no hay nada aleatorio en el universo. Si creemos que podemos morir antes de tiempo, viviremos con miedo de hacer cualquier cosa, ya que no sabemos a dónde podría llevarnos. Sin embargo, como vimos en la sesión 4, nada sucede fuera de la voluntad soberana de Dios.

¿CÓMO DEBERÍAMOS VIVIR CUANDO SABEMOS QUE ESTAMOS MURIENDO?

Hace varios años, recibí una carta que Becky, una mujer con cáncer metastásico, había escrito para animar a un amigo que acababa de ser diagnosticado con cáncer. Este fue el plan de batalla (abreviado) de Becky:

1. Reconocí que la mayoría de nuestras batallas se llevan a cabo en nuestra mente, y elegí enfocarme en Dios, quien sabía antes de la fundación del mundo que tendría cáncer y ya ha proporcionado los recursos que necesito para enfrentarlo.

2. Elegí ver esta enfermedad como un regalo. Es un momento para acercarme a Dios, para experimentar a Dios más plenamente, para disfrutar de las simples alegrías de la vida, para enfocarme en aquellas cosas que son verdaderamente importantes.

3. Si bien el cáncer quiere ser un problema que abarque todo en mi vida, me rehúso a hundirme. Me pondré en contacto con alguien diferente cada día mediante una carta, una palabra de ánimo, un acto de servicio o una oración.

4. No ignoraré mis emociones. Me permitiré llorar cuando sea necesario para desahogar mis sentimientos, pero NO seré gobernada por ellos.

5. Compartiré lo que está sucediendo con otros y pediré su apoyo y oraciones.

6. Me fijaré metas a corto y a largo plazo para tener algo que esperar. Me esforzaré por mantener mi vida lo más «normal» posible mientras tenga la capacidad física de hacerlo.

7. Encontraré alguna razón para reír cada día.

8. Me recordaré a mí misma que, de alguna manera inexplicable, la forma en que me comporto durante estos tiempos difíciles impacta en el mundo espiritual.

¿Qué es lo más significativo para ti en el plan de batalla de Becky? ¿Qué incorporarás a tu vida y a tu situación actual?

DÍA 3

Hemos examinado partes de la vida de Lea en Génesis. Ahora escucha la versión en audio y deja que el Espíritu Santo te hable a través de Su Palabra de una manera diferente.

Vamos a orar:

Amado Señor, háblame a través de Tu Palabra y muéstrame algo de Ti que necesite ver. Ayúdame a eliminar todas las distracciones y haz que Tu Palabra, que es viva y eficaz, penetre en mi corazón para que pueda encontrarte.

Utiliza una aplicación o sitio web de la Biblia en audio para escuchar Génesis 29:16-35 leído en voz alta. (Algunas opciones son las aplicaciones de la Biblia YouVersion o Dwell y el sitio web biblegateway.com).

Mientras escuchas, imagínate en la historia. ¿Qué frases notas? ¿Qué ves? Escribe cualquier cosa que te hable al escuchar el pasaje.

¿Cómo ha afectado este pasaje tu perspectiva sobre tus propias pérdidas y anhelos?

¿Cómo ha cambiado tu visión del Señor al estudiar esta historia?

El estudio de esta última semana es muy personal para mí. Mientras escribo esto, estoy luchando con los efectos del síndrome pospolio: un dolor creciente en mi hombro y brazo derechos y una debilidad profunda que ha provocado que batalle hasta para sostener un bolígrafo. Dado que mi brazo izquierdo ya no es funcional, mi brazo derecho es todo lo que me queda. Los médicos dijeron que esto en algún momento sucedería, pero siempre parecía lejano. Ahora es muy real. Sé que Dios puede sanarme milagrosamente y estoy orando para que lo haga; sin embargo, también sé que la sanidad física puede no ser lo mejor que Dios podría darme.

Esta pérdida gradual de mi fuerza, que va en aumento, es difícil. Mi vida y energía se miden en cucharaditas, no en tazas como solía ser, o en los galones que otros parecen tener. No abrazo la pérdida, no me agrada ni encuentro alegría en ella. En cambio, sí abrazo a Dios, lo amo y encuentro alegría en Él cuando le entrego mi pérdida.

Esta lucha con la pérdida y la confianza no es nueva. Hace once años, escribí esto:

> *No puedo mover mi brazo izquierdo y, mientras escribo esto, tengo un dolor ardiente en mi hombro. ¿Estoy viendo cómo mi fuerza se agota, cómo mi energía se escapa lentamente, dejándome sin nada? ¿Me restaurarás la salud? Cuando por fin me acostumbro a un nuevo nivel de dificultad, aparece uno peor que lo desplaza, lo supera y pasa a abarcarlo todo. ¿Dónde necesito confiar más en ti? Ayúdame a acercarme más a ti, al tiempo que te entrego esto.*
>
> *Hay otras pérdidas que no han cambiado para mejor o que no vienen con un lindo moño. Cuando voy a la tumba de mi hijo Paul, es un recordatorio constante de que no lo veré hasta que estemos en el cielo. Mi matrimonio terminó en divorcio hace una década, cuando anhelaba profundamente un final diferente.*

En mi diario, escribí sobre mi matrimonio fallido después de que mi esposo se fuera:

> *Quiero un moño. Quiero vivir feliz para siempre en esta vida. Pero sé que la vida puede que no vuelva a ser de la manera en que quiero que sea. Sin embargo, nada de eso se desperdiciará. Señor, haz que mi sufrimiento sirva para algo.*
>
> *Deja que la aflicción y el dolor hagan su obra en mi vida. Puede ser que la liberación suceda solo hasta la próxima vida. El alivio inmediato de mi sufrimiento no debería ser mi objetivo final. Mi esperanza no está en un resultado. Mi esperanza está únicamente en ti.*

Dios me dio a Joel, un hombre increíble, como mi segundo esposo. Agradezco a Dios todos los días por él. Sin embargo, incluso el moño que Dios me dio en Joel no durará para siempre, ya que nada en esta vida lo hará. Todo en este mundo pasará, porque algo mucho mejor está por venir.

Estas palabras de Samuel Rutherford me animaron esta mañana mientras luchaba para escribir esta sección:

> *Si Dios me hubiera dicho hace algún tiempo que estaba a punto de hacerme tan feliz como era posible serlo en este mundo, y luego me hubiera dicho que comenzaría por incapacitarme en todos mis miembros y por alejarme de todas mis fuentes habituales de disfrute, me hubiera parecido una forma muy extraña de cumplir su propósito. Y aún así, ¡vaya que su sabiduría multiforme está incluso en esto! Porque si vieras a un hombre encerrado en una habitación, idolatrando un conjunto de lámparas y regocijándose en su luz, y quisieras hacerlo verdaderamente feliz, comenzarías apagando todas sus lámparas, y abrirías las cortinas para dejar entrar la luz del cielo.*[10]

Anteriormente en el estudio, te pedí que hicieras una lista de los eventos positivos y negativos en tu vida en las páginas 186-187. Revisa las listas. Asegúrate de haber incluido todos tus eventos importantes, éxitos y fracasos, alegrías, penas y momentos más felices, así como tus dolores y decepciones más profundos.

Vamos a hacer una gráfica de los eventos en una línea de tiempo de tu vida (páginas 188-189). El comienzo de la gráfica representará tu nacimiento y el final de ella, tu edad actual. Traza cronológicamente cada evento con un punto. Escribe una o dos palabras clave para recordarte del evento. Los eventos positivos van por encima de la línea y los negativos van por debajo de la línea. Los momentos más felices deberían ser los puntos más altos y los momentos más tristes los más bajos. Luego, conecta todos los puntos.

Mientras miras tu gráfica, escribe lo que sientes en tu interior. ¿Ves patrones o temas? Explica tu respuesta.

Recuerda que Jesús estuvo contigo a través de todo lo que pasaste, aunque quizás no te hayas dado cuenta. Imagínalo contigo durante los momentos más difíciles.

¿Hubo momentos en los que recuerdas Su presencia? Explica tu respuesta.

Sabemos que Dios usa el dolor para nuestro bien y para Su gloria. ¿Dónde ves destellos de Sus propósitos mientras reflexionas sobre tu sufrimiento?

Ahora, voltea tu gráfica al revés. ¿Qué notas? ¿Tus momentos más bajos y difíciles se correlacionan con el crecimiento en tu vida espiritual? Explica tu respuesta.

Cuando hice este ejercicio por primera vez, me asombró cómo los momentos más difíciles de mi vida me acercaron a Dios más de lo que podría haber imaginado. De mis puntos emocionales más bajos surgieron mis puntos de crecimiento más significativos, una mayor dependencia de Dios y mi plataforma para el ministerio. Fue en estos momentos bajos cuando Dios hizo Su obra más profunda en mí. La brecha entre mis sueños y la realidad fue donde tuve la comunión más profunda con Dios.

¿Ha sido tu experiencia similar a la mía? Explica tu respuesta.

Escribe todo lo que aprendiste en este ejercicio. ¿Cómo te ha ayudado? ¿Dónde te ha desanimado? Pasa unos minutos hablando con Dios sobre esto.

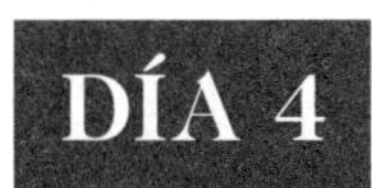

DÍA 4

Vamos a concluir esta semana de estudio hoy para que podamos hacer una revisión de todo el estudio mañana.

Comenzamos esta semana haciendo la gran pregunta: *¿Y si esto nunca mejora?* ¿Cómo ha ayudado el estudio de esta semana a responder esa pregunta? Explica tu respuesta.

¿Cómo has experimentado el amor y la fidelidad de Dios hacia ti esta semana? ¿Dónde has sentido Su presencia? Presta atención a las señales de Su amor y Su presencia a través de situaciones específicas, como recibir la respuesta a una oración, experimentar una paz inesperada o sentir consuelo después de leer la Biblia.

¿Cómo está obrando Dios en ti? ¿Y en tu sufrimiento? ¿Dónde has visto señales de Su propósito?

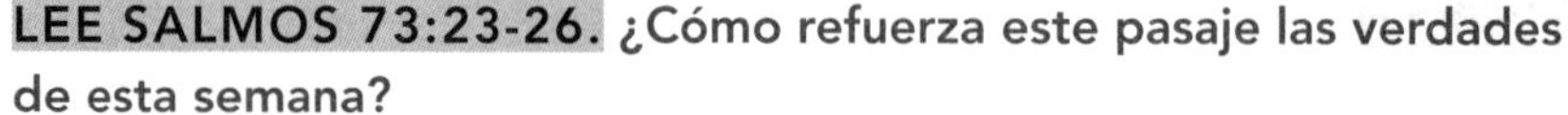

LEE SALMOS 73:23-26. ¿Cómo refuerza este pasaje las verdades de esta semana?

¿De qué maneras necesitas llevar tus anhelos ante Dios en lugar de guardártelos, de tratar de controlarlos o de desear que no existieran?

¿Dónde has puesto tu esperanza si no es en el amor y en la presencia de Dios?

Elisabeth Elliot dijo: «De una cosa estoy perfectamente segura: la historia de Dios nunca termina con cenizas».[11] ¿A qué se refiere y cómo te consuela eso frente a tu sufrimiento?

Elige una afirmación sobre nuestro glorioso futuro, busca el versículo y escríbelo en una nota adhesiva o una tarjeta de índice. Colócalo en un lugar prominente para ayudarte a recordar nuestro sufrimiento temporal y nuestra esperanza en el cielo.

Olvidaremos todos los problemas de esta tierra en el cielo.
LEE ISAÍAS 65:17.

Jesús ha preparado un gran hogar para nosotras en el cielo y nos llevará allí Él mismo.
LEE JUAN 14:1-3.

Lo que estamos sufriendo ahora no es nada comparado con la gloria que veremos en el cielo.
LEE ROMANOS 8:18.

No hay manera de que comprendamos todo lo que Dios tiene reservado para aquellos que lo aman.
LEE 1 CORINTIOS 2:9.

Cristo nos encomienda un trabajo mientras estamos en la tierra, pero morir y estar con Él será mejor.
LEE FILIPENSES 1:21-22.

DÍA 5

Es difícil creer que este es nuestro último día juntas. Ha sido un privilegio caminar durante estas semanas contigo, compartiendo lo que el Señor me ha enseñado a través de mis pérdidas y anhelos, y espero haberte alentado en tus propias pruebas.

Cada semana analizamos una de las tres «P» a las que me aferro en el dolor. Combinadas, forman un marco que me ha ayudado a dar sentido al sufrimiento cuando la vida se desmorona. Estas anclas son:

1. La **Presencia** de Dios

2. El **Propósito** de Dios en el sufrimiento

3. La **Promesa** del cielo

En las sesiones 2-4, nos enfocamos en la presencia de Dios en el sufrimiento. Observamos el amor de Dios por nosotras, un amor demasiado profundo para entender por completo, pero que nunca falla. Hablamos sobre conectar con Dios a través de la oración y la lectura de la Escritura, y sobre encontrar alegría solo en Él. Ya que Dios siempre está con nosotras, podemos tener paz en cualquier situación, sabiendo que Él nos dará exactamente lo que necesitamos.

En las sesiones 5-6, aprendimos que nuestro sufrimiento tiene un propósito. Nuestro Dios soberano usa todo en nuestras vidas para nuestro bien y para Su gloria. Hablamos sobre cómo Dios usa nuestro dolor para ayudarnos a depender de Él, lo cual refina nuestro carácter y produce paciencia. Vimos cómo Dios nos anima por medio de la comunidad; y nosotras, a su vez, podemos animar y consolar a los demás. En la sesión 7, nos enfocamos en la promesa del cielo, nuestra esperanza segura de que nuestro dolor terminará en gloria.

Aquí hay un vistazo más detallado a los impresionantes regalos asociados con cada P:

PRESENCIA

SESIÓN 2	SESIÓN 3	SESIÓN 4
Seguridad de que eres profundamente amada Intimidad indescriptible Confianza en que Dios ve y sabe todo sobre ti Seguridad de que Dios está POR ti	Inspiración de la Palabra y deleite en ella Libertad para ser vulnerable y honesta Su oído atento siempre que llamas La seguridad de la sabiduría y la orientación Alegría en la presencia de Dios	Amor que echa fuera el miedo Confirmación de que Él nunca te abandonará Provisión para todo lo que necesitas Una paz que sobrepasa todo entendimiento

PROPÓSITO

SESIÓN 5	SESIÓN 6
Perseverancia en las pruebas Carácter que refleja a Cristo Fe refinada por el fuego Seguridad de que tu sufrimiento no es en vano	El consuelo de Dios en tu sufrimiento Un testimonio con credibilidad y poder Un testigo que atrae a otros a Cristo El privilegio de animar a otros La oportunidad de glorificar a Dios a través del dolor

PROMESA DEL CIELO

SESIÓN 7
Coronas en el cielo
Un peso de gloria que no tiene comparación
No más sufrimiento o pecado
Felices por toda la eternidad
Gozo incesante e ininterrumpido en Dios

Mientras lees estas impresionantes declaraciones:

Pon un «√» junto a las que sean más significativas para ti. Si aplica, anota cuándo las has experimentado en tu vida. Tómate un momento para agradecer a Dios por estos regalos.

Pon un «~» junto a las que te resulten distantes y no parezcan aplicarse a ti. ¿Por qué crees que no te parecen aplicables? Pídele a Dios que te muestre cómo son verdad en tu vida.

Pon un «++» junto a las que quieras experimentar más plenamente en esta vida. ¿Cómo podría verse una experiencia más significativa? Pídele a Dios que profundice tu experiencia con ellas.

Estas tres «P» están entrelazadas a lo largo de la Biblia. Romanos 8 es un magnífico capítulo en la Escritura que resume a todos de forma maravillosa.

LEE ROMANOS 8. Escribe todas las verdades y temas que notes de nuestro estudio de la Biblia. Escribe tus pensamientos. Presta especial atención a cualquier mención de la Presencia de Dios, de Su Propósito y de la Promesa del cielo mientras consideras tu relación con Dios, el poder del Espíritu y tu sufrimiento.

Al comienzo de este estudio te pedí que escribieras tus preguntas en la página 6. Tómate un momento para revisarlas.

¿Se respondieron algunas de tus preguntas durante este estudio? ¿Luchar con estas preguntas te llevó a una fe más profunda? ¿Dios reveló alguna verdad que haya aliviado tus incertidumbres? Escribe tus respuestas. No importa qué preguntas queden, la respuesta a nuestras preguntas más profundas no se puede resumir en un párrafo; la respuesta yace en Dios mismo.

C. S. Lewis estaría de acuerdo. En su novela, *Mientras no tengamos rostro*, el personaje principal, Orual, exige una respuesta para sus múltiples capas de dolor y pérdida. Pero después de encontrarse con Dios en una visión, Orual es transformada y exclama: «Ahora sé, Señor, por qué no das ninguna respuesta. Tú mismo eres la respuesta. Al contemplar tu rostro, las preguntas se desvanecen».[12]

La experiencia de Orual me recuerda a Job, de quien hemos hablado en este estudio. Fue un hombre justo que experimentó una pérdida indescriptible. Exigió que Dios le respondiera, lanzando preguntas como: «¿Por qué dar vida a los que no tienen futuro, a quienes Dios ha rodeado de dificultades?», «¿En qué nos beneficiará orar?», «¿Por qué los justos deben esperarlo en vano?» (Job 3:23; 21:15; 24:1, NTV). Esas preguntas se sienten demasiado familiares. Podría haberlas hecho yo.

Dios no respondió directamente a ninguna de las preguntas de Job, pero sí le habló a Job sobre Su poder y Sus propósitos. Fue el ver a Dios y entender su poder ilimitado, lo que finalmente satisfizo a Job (Job 42:2, 5-6). Como dice Ron Deal: «Dios no se defiende, simplemente se define a sí mismo».[13] Y eso fue suficiente para Job.

Como Job, encontrarme con Dios en el sufrimiento ha cambiado mis preguntas, ha cambiado mi fe y ha cambiado mi vida. Estoy más capacitada para confiar en Dios en las incertidumbres de mi vida, porque sé que Él ha estado en el mañana y me está preparando para ello hoy. La presencia de Dios se ha vuelto casi tangible en mi dolor, mientras Su consuelo me envuelve. No necesito respuestas tanto como necesito a Jesús, por lo que mis preguntas se han vuelto menos urgentes, mis miedos son menos consumidores, mi necesidad de entender es menos importante. Puedo vivir con incertidumbre sabiendo que soy vista, conocida y amada por Dios, quien no me negará nada que sea bueno para mí.

Para mí, todo descansa en la bondad y la fidelidad de Dios.

Lo que necesitamos ver en nuestro sufrimiento es la verdadera naturaleza de Dios, algunas de sus cualidades esenciales. Pablo mencionó muchas de ellas en Romanos 15 cuando habló sobre «el Dios de la paciencia y de la consolación» (v. 5), «el Dios de esperanza [que nos llena] de todo gozo y paz» (v. 13), o sobre «el Dios de paz» (v. 33). Estos atributos eternos moldearon aquello en lo que nos enfocamos en cada semana del estudio: amor, alegría, paz, paciencia, ánimo y esperanza.

Observamos el amor de Dios mientras explorábamos la aflicción de María y Marta por una pérdida. Vimos la alegría de Ana después de su lamento por el dolor de la infertilidad. Hablamos sobre encontrar la paz en una tormenta mientras observamos a María, la madre de Jesús, y a María Magdalena. Presenciamos la resistencia de Noemí a través de sus pruebas, mientras Dios obraba para su bien. Vimos cómo Jesús animó a la mujer samaritana, quien alentó a su comunidad a confiar en Jesús. Por último, observamos cómo Lea encontró esperanza en Dios a pesar de sus anhelos insatisfechos.

A medida que nos apoyemos en Dios en nuestro sufrimiento, estos atributos de amor, alegría, paz, paciencia, ánimo y esperanza, características de una vida llena del Espíritu, serán cada vez más evidentes en nuestras vidas. Nos volveremos más como Cristo cuanto más mantengamos nuestros ojos en Él.

El sufrimiento puede llevar a una vida más profunda con el Señor. Al mirar tu sufrimiento, ¿qué sabes sobre Dios debido a ello? ¿Reconoces Su presencia aun en el desorden? ¿Cómo te está moldeando Dios?

Mi relación con Dios alguna vez se centró en que Él solucionara el problema, que cambiara la situación, que hiciera que el dolor parara o que me liberara de mis pruebas. Eso era todo por lo que oraba, porque todo lo que quería era alivio. Sin embargo, mientras esperaba, Dios me ofreció algo mucho mejor y más satisfactorio que el alivio: un encuentro con Él. Esa intimidad con Dios me ha llevado a una vida más plena y rica en Él de lo que jamás podría haber imaginado. Aprendí que el sufrimiento siempre es una invitación para acercarse a Dios y descubrir que Él en verdad es suficiente.

Independientemente de dónde te encuentres en tu camino de sufrimiento, ruego a Dios que te apoyes en Jesús y que descubras que Él es más que suficiente para satisfacer todas tus necesidades. Pido en oración que:

- El amor de Dios sea tan real, personal y vivificante para ti hasta el punto que el Señor te llene hasta desbordar con Su presencia.

- Tu vida de oración no sea únicamente sobre pedirle a Dios lo que necesitas, sino que incluya descansar y deleitarte en Él, sabiendo que te ama.

- Confíes en el amor inquebrantable de Dios y en su promesa de proveer todo lo que necesitas, incluso cuando no entiendas lo que está sucediendo.

Detente por un minuto y considera dónde estabas cuando comenzamos, qué tenías en mente y qué esperabas.

¿Qué ha cambiado en ti como resultado de este estudio?

¿Dónde has visto crecer tu confianza en el Señor? ¿Cómo te ha hablado Él? ¿De qué formas has cambiado? Escribe tus pensamientos.

Si le explicaras a una buena amiga lo que has aprendido de este estudio de la Biblia, ¿qué le dirías?

SESIÓN 7: GUÍA DEL VIDEO

¿Y SI ESTO NUNCA MEJORA?

Mira el video de la sesión 7 y toma notas a continuación.

PREGUNTAS PARA REFLEXIONAR EN GRUPO

¿Qué parte de la enseñanza del video fue más significativa para ti? ¿Por qué?

¿Es posible tener esperanza y alegría incluso en medio del sufrimiento crónico o terminal? ¿De qué manera?

¿Por qué es tan importante mantener la eternidad en nuestra mente mientras sufrimos?

¿Por qué dedicamos tanto tiempo y energía a esta vida cuando es tan corta? ¿Cómo podemos vivir más para la eternidad que para esta vida temporal?

¿Cómo ha sido afectada tu visión del sufrimiento por lo que has aprendido hoy?

¿Cuáles son algunas conclusiones importantes de este estudio?

¿Cómo te ha equipado este estudio para atravesar tu propio sufrimiento y para ayudar a otros en sus pruebas?

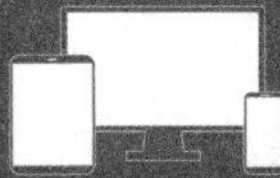

Para acceder a los videos de las sesiones de enseñanza, sigue las instrucciones de la parte posterior de este estudio bíblico.

ANTES DE QUE TE VAYAS… MI DESEO DE CORAZÓN PARA TI

Hemos recorrido este camino juntas, atravesando muchos temas y preguntas sensibles, ¿verdad? Gracias por no rendirte; estoy segura de que algunas semanas fueron difíciles de procesar mientras lidiabas con tu dolor y el dolor de las personas a tu alrededor. Le pido al Señor que, mientras reflexionas sobre lo que has aprendido, tus cargas se sientan cada vez más ligeras y que Dios se sienta más cercano para ti.

Me ha encantado caminar contigo a través de este estudio, compartiendo lo que Dios me ha enseñado en el sufrimiento. ¡Incluso me ha encantado compartir algunas partes de mis locas cartas de Navidad! Espero que el marco que he compartido, las tres «P» a las que me aferro en el dolor, te ancle a Dios mientras atraviesas tu propio sufrimiento. Experimentar la presencia de Dios, saber que mi dolor tiene un propósito y confiar en la promesa del cielo me ha dado el valor y la confianza que necesito cuando la vida se siente demasiado difícil y abrumadora.

Si estás en una temporada de sufrimiento, tal vez te sientas sola y asustada, como si estuvieras en una caída libre aterradora y no supieras cómo terminará. Quizás te preguntes qué es seguro y en qué puedes confiar. Pero también es posible que hayas descubierto que cuando ya no queda nada cierto, tu historia de sufrimiento es la historia del amor de Dios para ti. Él te está enseñando a reconocer Su presencia y a confiar en Él, lo cual es más fácil de hacer cuando desaparece aquello en lo que te apoyabas antes.

La promesa del cielo, saber que tu sufrimiento terminará en gloria, puede sostenerte a través de un dolor indescriptible. Anhelamos aquel deleite interminable del cielo en el que experimentaremos la comunión ininterrumpida con Dios, contemplaremos Su gloria y nos perderemos en Su presencia. La noticia más increíble es que puedes acceder a todo esto ahora mismo; solo necesitas reconocer la invitación de Dios.

El Señor te invita a hallar tu alegría en Él, no en tus circunstancias. Tal vez la encuentres en la quietud y el silencio, al sentir el amor de Dios a tu alrededor. Quizás la halles mientras lees la Escritura, conforme las palabras van cobrando vida frente a ti. Hasta es posible que venga tras darte cuenta de que Dios realmente está satisfaciendo todas tus necesidades y que no te falta nada.

Me fascinan las palabras de Isaías a los israelitas (que también pueden ser para ti): «Jehová te pastoreará siempre, y en las sequías saciará tu alma, y dará vigor a tus huesos; y serás como huerto de riego, y como manantial de aguas, cuyas aguas nunca faltan» (Isaías 58:11). Solo Dios puede satisfacer tus deseos en lugares áridos con su agua viva; tu vida interior puede florecer en el desierto.

Le pido al Señor que puedas descubrir todas estas cosas tú misma. Que halles una alegría inconmovible al sentir la presencia de Dios y ver todo lo que ocurre en tu vida como algo con propósito. Que confíes en que Dios está obrando para tu bien, moldeándote a través de tu sufrimiento, y que todo terminará en gloria. Todo valdrá la pena. Te lo prometo. ¡Eres amada!

Con amor y esperanza,

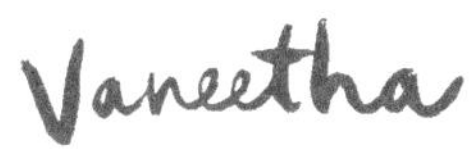

MOMENTOS DIFÍCILES Y PUNTOS BAJOS EN MI VIDA

Anota los desafíos que estás enfrentando actualmente: el dolor, el luto, los miedos, las pérdidas y los anhelos. Luego, añade los eventos más duros y los puntos más bajos de tu vida con fechas aproximadas.

MOMENTOS FELICES Y PUNTOS ALTOS EN MI VIDA

Escribe una lista de los momentos más felices de tu vida. Procura incluir todas las temporadas que considerarías «puntos altos» de tu vida. Incluye fechas aproximadas también.

Mi LÍNEA DE TIEMPO

MOMENTOS FELICES

NACIMIENTO

MOMENTOS DIFÍCILES

EDAD ACTUAL

REFERENCIAS

SESIÓN 2

1. Douglas K. Stuart: *Éxodo, vol. 2, The New American Commentary commentary (Nuevo comentario americano)*, Nashville: Broadman & Holman Publishers, 2006, 705.
2. Strong's Greek: 3767, ***οὖν*** (oun), *Englishman's Concordance*, https:// biblehub.com/greek/ strongs_3767.htm. [Consulta: 21/11/2022].
3. Craig S. Keener, *The IVP Bible Background Commentary: New Testament, (Comentario de la Biblia IVP: Nuevo Testamento)*, Downers Grove, IL: InterVarsity Press, 1993. Jn 11:20.
4. Strong's Greek: 1690, ***ἐμβριμάομαι*** Embrimaomai, *Strong's Concordance, Englishman's Concordance, (Concordancia Strong), Englishman's Concordance*, https://biblehub.com/greek/1690.htm.
5. Tim Keller, «Tim Keller's Sermon After 9/11,» *The Gospel Coalition*», (Mensaje de Tim Keller luego del 9/11), *The Gospel Coalition*, 11/9/2021, https://www.thegospelcoalition.org/article/tim-kellers-sermon-9-11/.
6. Strong's Greek: 1145, ***δακρύω*** dakruó, *Strong's Concordance, (Concordancia Strong)*, https://biblehub.com/greek/1145.htm.
7. John F. MacArthur Jr., *Juan 1–11, MacArthur New Testament commentary (Comentario MacArthur del Nuevo Testamento)*, Chicago: Moody Press, 2006, 461–462.
8. Joni Eareckson Tada, *A Place of Healing (Un lugar de sanidad)*, Colorado Springs: David C. Cook, 2010, 35.
9. Christa Wells, «Held», (Sostenida), álbum *Awaken* de Natalie Grant, 2005.
10. Emily Velasco, «Ultrafast Camera Takes 1 Trillion Frames Per Second of Transparent Objects and Phenomena», *(Cámara ultrarrápida toma 1 billón de fotogramas por segundo de objetos y fenómenos transparentes)*, Caltech, 17/1/2020, https://www.caltech.edu/about/news/ultrafast-camera-takes-1-trillion-frames-second-transparent-objects-and-phenomena#:~:text=A%20little%20over%20a%20year,being%20quick%20is%20not%20enough.
11. Strong's G1097: ginóskó, *Strong's Concordance*, (Concordancia Strong), https://biblehub.com/greek/1097.htm/.
12. «Beloved Is Where We Begin» (Amada es donde empieza todo) (extracto) © Jan Richardson de *Circle of Grace: A Book of Blessings for the Seasons*. Utilizado con permiso. janrichardson.com.
13. Elisabeth Elliot, *Quest for Love* (En busca del amor), Grand Rapids: Revell, 1996, libro electrónico, cap. 19.
14. Elisabeth Elliot, *Finding Your Way Through Loneliness* (En búsqueda de un camino en la soledad), Grand Rapids: Revell, 2011, libro electrónico, cap. 4.

SESIÓN 3

1. Strong's H7879: ***śîaḥ***, *Blue Letter Bible*, https://www.blueletterbible.org/lexicon/h7879/esv/wlc/0-1/Strong's H3708: ka'as>, Blue Letter Bible, https://www.blueletterbible.org/lexicon/h3708/kjv/wlc/0-1/.
2. «The Chinese Bamboo Tree»— (El árbol de bambú chino —discurso motivacional de Les Brown—), *Motivation Mentalist*, 23/7/2018, https://motivationmentalist.com/?s=chinese+bamboo+tree.
3. John Piper, *La Lectura sobrenatural de la Biblia: ver y saborear la gloria de Dios en las Escrituras*, Wheaton: Crossway, 2017, libro electrónico.

SESIÓN 4

4. Elisabeth Elliot, *Sufrir nunca es en vano*, Nashville: B&H Publishing Group, 2019, libro electrónico, cap. 3.
5. Vaneetha Risner, «¿Y si ocurre lo peor?», *Deseando a Dios*, 15/9/2014, https://www.desiringgod.org/articles/what-if-the-worst-happens.
6. Michael J. Wilkins: «Comentario bíblico con aplicación NVI: Mateo», Grand Rapids, MI: Zondervan Publishing House, 2004, 517.
7. Tim Keller (@timkellerynyc): *«The peace of God is not the absence of fear. It, in fact, is his presence»*, Twitter, 20/10/2020, 1:23 p.m., https://twitter.com/timkellernyc/status/1318618738804035584?lang=en.
8. Paul Tripp: *«What You Need to Know about Suffering»* (Lo que necesitas saber sobre el sufrimiento), paultripp.com, 3/10/2018, https://www.paultripp.com/wednesdays-word/posts/what-you-need-to-know-about-suffering.

SESIÓN 5

1. C. S. Lewis: *«Una pena en observación»*, Nueva York: Harper Collins, 1961, libro electrónico, cap. 3.
2. «3 Pes», *«Growing resilient»* (Volviéndote resiliente), https://growingresilient.com/home/tools/3-ps/, [Consulta: 30/11/2022].
3. Evelyn Christensen: *«¿Qué sucede cuando las mujeres oran?»*, Wheaton: Victor Books, 1991, 89-90.
4. C. H. Spurgeon: «Woe and weal (No. 3239)», Metropolitan Tabernacle, 2/3/1911, https://ccel.org/ccel/spurgeon/sermons57/sermons57.ix.html.
5. Joni Earekson Tada: *«Cuando Dios llora»*, Grand Rapids: Zondervan, 1997, 84.
6. Ib., cap. 6
7. John Piper: «God is always doing 10,000 things in your life» (Dios siempre está haciendo 10 000 cosas en tu vida), *Desiring God*, 1/1/2013, https://www.desiringgod.org/articles/god-is-always-doing-10000-things-in-your-life.
8. John Newton: «Carta 4, Londres, 19 de agosto de 1775», *Las cartas de John Newton*, Monergism Books, 628, https://www.monergism.com/thethreshold/sdg/newton/The_Letters_of_John_Newton_-_John_Newton.pdf.
9. Paul Tripp: «I wish God acted earlier» (Desearía que Dios actuara más pronto), paultripp.com, 30/3/2022, https://www.paultripp.com/wednesdays-word/posts/i-wish-god-acted-earlier.

SESIÓN 6

1. J Daniel Hays, y J. Scott Duvall (eds.): *«The baker illustrated Bible handbook»* (Manual bíblico ilustrado de Baker), Grand Rapids, MI: Baker Books, 2011, 204.
2. John Piper: «Job: reverent in suffering» (Job, reverente en el sufrimiento), desiringgod.org. 7/7/1985, https://www.desiringgod.org/ messages/job-reverent-in-suffering.

SESIÓN 7

1. K. A. Mathews: *Génesis 11:27–50:26, vol. 1B, The new American commentary (Nuevo comentario americano)*, Nashville: Broadman & Holman Publishers, 2005, 467.
2. Paula Rinehart: «Better than my dreams» (Mejor que mis sueños), Nashville, Thomas Nelson, 2007, 179.
3. John Piper (@JohnPiper): «Occasionally weep deeply over the life you hoped would be. Grieve the losses. Then wash your face. Trust God. And embrace the life you have», Twitter, 1/3/2016, 7:04 a.m., https://twitter.com/johnpiper/status/704653441533132800?lang=en.
4. David Jeremiah: *«Esperanza: viviendo sin temor en un mundo atemorizante»*, Carol Stream: Tyndale Momentum, 2021, 181.
5. Thomas R. Schreiner: *1, 2 Pedro, Judas, vol. 37, The new American commentary (Nuevo comentario americano)*, Nashville: Broadman & Holman Publishers, 2003, 67.
6. J. R. R. Tolkien: *«El retorno del rey»*, Nueva York: Harper Collins, 1967, 283.
7. C. S. Lewis: *«El gran divorcio»*, Nueva York: Harper Collins, 1946, 69.
8. Randy Alcorn: «Looking forward to a heaven we can imagine» (Esperando un cielo que podamos imaginar), Eternal Perspective Ministries, 30/10/2016, https://www.epm.org/blog/2016/Oct/30/looking-forward-heaven-we-can-imagine.
9. Ibid.
10. Citado en E.M. Bounds: *«El cielo: un lugar, una ciudad, un hogar»*, Grand Rapids: Baker Book House, 1975, p. 13.
11. Elisabeth Elliot: *«Made for the journey»* (Hecha para el viaje), Grand Rapids: Revell, 1998, libro electrónico, prefacio.
12. C. S. Lewis: *«Mientras no tengamos rostro»*, Harvest/HBJ, 1956, 308.
13. Ron Deal: *«The smart stepfamily»* (La familia ensamblada inteligente), Bloomington: Bethany House Publishers, 2014, 52.

Aprovecha este estudio al máximo

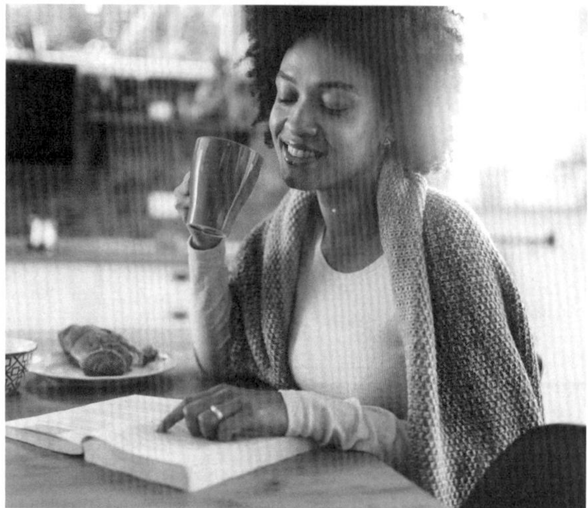

MEDIANTE ESTE ESTUDIO, PODRÁS:

- Adquirir más confianza para llevar tus preguntas difíciles ante Dios.
- Hallar fuerza y esperanza a través de la Escritura cuando parece que ya no queda esperanza.
- Estar preparada para acompañar a otras personas que están sufriendo.
- Descansar en la presencia, los propósitos y las promesas de Dios.
- Reconsiderar tus circunstancias a la luz de una historia más grande.

Para enriquecer tu experiencia de estudio, considera ver los videos de enseñanza de Vaneetha Risner que acompañan cada sesión. Duran entre 10 y 20 minutos.

¿ESTÁS ESTUDIANDO POR TU CUENTA?

Mira los videos de enseñanza de Vaneetha Risner. Solo tienes que usar el código de canje impreso en cada ejemplar de este libro de estudio bíblico para obtener acceso individual a los videos.

¿VAS A DIRIGIR UN GRUPO?

Cada miembro del grupo necesitará un libro de estudio bíblico *Sedientas de esperanza*, que incluye el acceso a los videos. Dado que todas las participantes tendrán acceso al contenido en video, pueden elegir ver los videos fuera de la reunión grupal, si así lo desearan. O, si van a verlos juntas y alguien se pierde una reunión de grupo, tendrá la posibilidad de ponerse al día. También pueden conseguir los videos en DVD por un costo adicional.

COMPLEMENTO

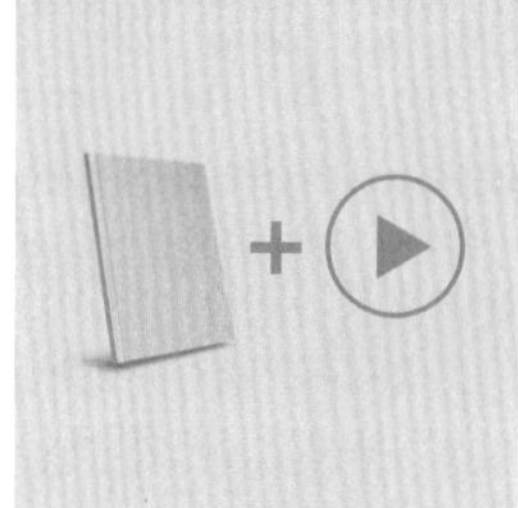

El set de DVD incluye 7 sesiones de enseñanza en video de Vaneetha Risner, cada una de entre 10 a 20 minutos.

RECURSOS GRATUITOS DISPONIBLES EN LÍNEA

Guía para líderes

Este documento descargable sirve de ayuda a cada líder para prepararse para dirigir el estudio y proporciona instrucciones para el contenido y el flujo de cada sesión de grupo.

Puedes encontrar este documento en lifeway.com/sedientasdeesperanza

Explora los distintos formatos de estudio, una muestra de sesión gratuita, una guía para líderes, clips de video y más en

lifeway.com/sedientasdeesperanza